市场监管现代化研究
——以食品药品为例

SHICHANG JIANGUAN XIANDAIHUA YANJIU
——YI SHIPIN YAOPIN WEI LI

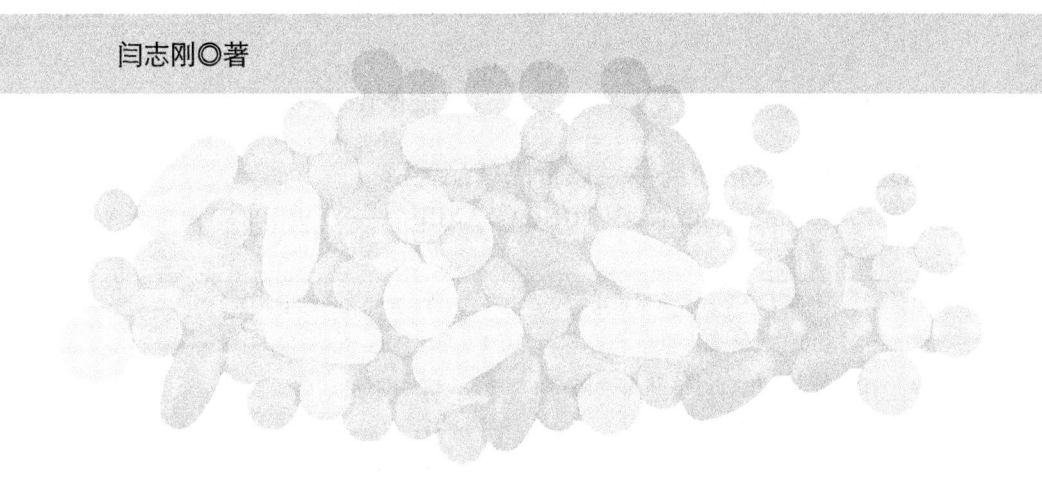

闫志刚 ◎ 著

知识产权出版社
全国百佳图书出版单位
—北京—

图书在版编目（CIP）数据

市场监管现代化研究：以食品药品为例／闫志刚著. —北京：知识产权出版社，2022.12

ISBN 978-7-5130-8511-3

Ⅰ. ①市… Ⅱ. ①闫… Ⅲ. ①食品-市场监管-中国②药品管理-市场监管-中国 Ⅳ. ①F768.2②F763

中国版本图书馆 CIP 数据核字（2022）第 240068 号

内容提要

市场监管现代化是国家治理现代化的典型领域和重要内容，食品药品市场是兼具经济性监管和社会性监管的典型市场监管领域。本书以食品药品安全监管为例，对市场监管现代化中的监管理论、监管绩效评估、监管的整体形势与战略选择、监管的体制机制、监管的中外经验、监管能力建设、监管的方式创新、互联网下的监管等一系列问题进行了研究。本书既有对近年来备受重视的信用监管、监管绩效评估等方面的理论探索，也有对监管体制改革、保健食品监管、药品监管队伍建设等具体实践的分析。

本书适合市场监管特别是食品药品监管领域的管理人员、企业相关人员、研究者阅读。

责任编辑：安耀东　　　　　　　　　　责任印制：孙婷婷

市场监管现代化研究——以食品药品为例
SHICHANG JIANGUAN XIANDAIHUA YANJIU ——YI SHIPIN YAOPIN WEI LI

闫志刚　著

出版发行：知识产权出版社有限责任公司	网　址：http://www.ipph.cn
电　话：010-82004826	http://www.laichushu.com
社　址：北京市海淀区气象路 50 号院	邮　编：100081
责编电话：010-82000860 转 8534	责编邮箱：laichushu@cnipr.com
发行电话：010-82000860 转 8101	发行传真：010-82000893
印　刷：北京中献拓方科技发展有限公司	经　销：新华书店、各大网上书店及相关专业书店
开　本：720mm×1000mm　1/16	印　张：13.5
版　次：2022 年 12 月第 1 版	印　次：2022 年 12 月第 1 次印刷
字　数：221 千字	定　价：88.00 元

ISBN 978-7-5130-8511-3

出版权专有　侵权必究

如有印装质量问题，本社负责调换。

前　言

当前我国市场监管正处于深刻转型之中，从传统监管向信用监管等新型现代监管方式转变。市场监管现代化是国家治理现代化的典型领域和重要内容。本书在分析信用监管、市场监管现代化指标体系等基本理论问题的基础上，以市场监管的典型领域——食品药品行业监管为研究对象，研究食品药品监管的国际经验、行业信用监管等问题，以期对我国市场监管现代化转型有所裨益。

第一部分研究市场监管的两个基本理论问题：信用监管和监管现代化评价的问题。它们是要解决现代化监管方式的理论和导向。一个是正在深入开展的独具中国特色的信用监管，需要在理论上厘清其界限和模式；另一个是监管现代化的评价，回答什么样的监管创新是符合科学监管方向的、如何评价监管实践和效果。信用监管研究从为什么推进信用监管、什么是信用监管及如何推进信用监管三个基本问题进行了一般理论上的梳理和阐述。在现代化理论梳理基础上，借鉴国外相关指标体系设置的经验并结合我国市场监管实践建立市场监管现代化指标体系。

第二部分选择市场监管的典型领域——食品药品行业，并从监管战略、监管形势、监管体制等方面进行具体研究。市场监管领域存在虚假宣传、欺诈营销等市场监管治理的典型问题。本部分在总结梳理我国食品安全战略、食品药品监管现状趋势和美国食品安全事权划分等基本情况的基础上，重点对中美保健食品监管问题进行了对比研究。研究认为，在监管对象上，美国突出膳食成分导向，界定了相对明确的保健食品法定内涵与类型；我国则关注预期功能声称并实行清单制，制定了标准严格的保健功能目录；

在监管尺度上，美国实行宽松的弱监管，我国实行严格的强监管，反映了两国在消费安全与选择自由之间的价值差异；在监管重心上，美国聚焦于上市后监管，我国则侧重于上市前准入监管，体现了两国不同的监管风险认知、容忍度与治理策略。本部分亦对我国正在推行的食品药品职业检查员建设问题进行研究，总结了日本职业化药品检查员制度的基本经验及对我国相关建设的启示，认为应从系统推进、提升职业荣誉感、保障独立检查权限、提高检查员的外部适应力等方面推动我国食品药品职业检查员队伍建设。

第三部分在梳理中国、美国、澳大利亚、日本、德国、新加坡等国家信用监管相关实践的基础上，对中国与这些国家的保健食品信用监管实践进行对比研究，这些国家的信用监管模式不尽相同，保健食品信用监管也各具特色。对比后发现，推进我国保健食品信用监管，须重视处理法规体系、顶层设计、发挥社会各主体作用、保持信用信息公开和保护公众隐私平衡等方面的问题。

目　录

第 1 章　监管理论：信用监管的一般理论分析 ……………………… 1

1.1　为什么推进信用监管：动力与优势 ………………………………… 2
　　1.1.1　推进信用监管是市场经济发展的内生性要求 ……………… 2
　　1.1.2　推进信用监管是解决企业信用缺失的治本之策 …………… 2
　　1.1.3　以互联网为核心的现代信息与通信技术发展为信用监管
　　　　　提供新的需求和可能 …………………………………………… 3
　　1.1.4　信用监管相对于传统监管的优势使其成为监管改革的优
　　　　　选策略 …………………………………………………………… 3
1.2　信用监管是什么：内涵、特征与作用机制 ………………………… 4
　　1.2.1　信用监管的内涵 ……………………………………………… 4
　　1.2.2　信用监管的特征 ……………………………………………… 6
　　1.2.3　信用监管的作用机制 ………………………………………… 7
1.3　信用监管如何实现：静态要素和动态过程 ………………………… 9
　　1.3.1　信用监管的静态构成要素 …………………………………… 10
　　1.3.2　信用监管的动态周期过程 …………………………………… 12
1.4　结语 ……………………………………………………………………… 16

第 2 章　监管绩效：市场监管现代化理论及其指数构建 …………… 17

2.1　现代化：一个多元演进的历史进程 ………………………………… 17
2.2　监管型国家的兴起：现代化的内在要求 …………………………… 19
　　2.2.1　弥补市场失灵的需要 ………………………………………… 20

- 2.2.2 追求高效率的需要 ……………………………………… 21
- 2.2.3 适应现代民主政治的需要 …………………………… 22

2.3 市场监管现代化的指数构建 ……………………………………… 24
- 2.3.1 概念内涵 …………………………………………………… 24
- 2.3.2 相关监管质量和绩效指标体系成果 ………………… 25
- 2.3.3 市场监管现代化的指数构建 ………………………… 32

第3章 监管形势：我国食品药品安全监管改革的进展与展望 …… 38

3.1 我国食品药品安全监管改革的主要进展 ………………………… 38
- 3.1.1 食品药品"放管服"改革不断推进 ……………………… 38
- 3.1.2 食品药品监管体制与执法改革不断深化 …………… 40
- 3.1.3 食品药品监管的重点领域监管得以强化 …………… 41

3.2 我国食品药品安全监管改革的主要特点 ………………………… 43
- 3.2.1 监管制度建设提速，不断提升监管的制度化、法治化水平 ……………………………………………………… 43
- 3.2.2 重视监管执法体制改革，推进监管综合行政执法水平与绩效 …………………………………………………… 44
- 3.2.3 监管方式全面转型，从事前监管向更加重视事中事后监管转型 …………………………………………………… 45
- 3.2.4 监管机制持续创新，促进监管科学化水平 ………… 46

3.3 食品药品监管改革展望 ……………………………………………… 48
- 3.3.1 产业发展与安全监管的关系 ………………………… 48
- 3.3.2 综合监管与专业监管的关系 ………………………… 48
- 3.3.3 监管事权与监管能力的关系 ………………………… 49
- 3.3.4 食品药品监管部门与一般市场监管部门的关系 …… 49
- 3.3.5 省级药品监管机构与省级以下市场监管部门的关系 …… 49

第4章 监管体制：美国食品安全监管事权划分探析 ……………… 50

4.1 引言 …………………………………………………………………… 50
4.2 分散：形式上的散乱无序 ………………………………………… 51
- 4.2.1 从联邦横向划分来看 …………………………………… 55

  4.2.2 从联邦、州与地方纵向划分来看 ······ 57
 4.3 统一：运作上的整合协调 ······ 59
  4.3.1 目标与标准的整合 ······ 59
  4.3.2 运作上的合作与协调 ······ 61
 4.4 结论与启示 ······ 65
  4.4.1 各监管部门职责划分要清晰明确 ······ 66
  4.4.2 事权划分的稳定性 ······ 66
  4.4.3 纵向监管责任重心问题 ······ 67

第5章 监管经验：美国"保健食品"监管百年 ······ 68

 5.1 监管肇始：镀金时代向进步时代转型的改革需要 ······ 69
 5.2 策略性监管：政府扩权时代的监管博弈 ······ 71
 5.3 行业友好法出台：放松规制时代的监管式微 ······ 75
 5.4 上市后监管：后《膳食补充剂和健康教育法》时代的监管完善 80
  5.4.1 加强对膳食补充剂使用情况的监测 ······ 81
  5.4.2 细化产品标签管理 ······ 82
  5.4.3 完善管理基础 ······ 82
  5.4.4 加大监管执法力度 ······ 83
  5.4.5 强化对消费者的教育 ······ 84
 5.5 启示 ······ 84
  5.5.1 功效及其验证问题 ······ 84
  5.5.2 违法宣传问题 ······ 86
  5.5.3 中央与地方监管权划分问题 ······ 87
  5.5.4 安全风险问题 ······ 88
  5.5.5 监管制度环境问题 ······ 88

第6章 监管比较：中美保健食品监管比较 ······ 90

 6.1 中美保健食品监管的制度框架与发展轨迹 ······ 91
  6.1.1 美国保健食品监管的制度框架与发展轨迹 ······ 91
  6.1.2 中国保健食品监管的制度框架与发展轨迹 ······ 93
 6.2 监管对象定位：膳食成分导向与功能声称导向 ······ 95

6.3 监管尺度定位：弱监管与强监管 ································· 98
6.4 监管重心定位：上市前监管与上市后监管 ····················· 100
6.5 启示：构建市场导向的保健食品监管 ···························· 103

第7章 监管队伍：日本药品检查员制度 ································· 106

7.1 日本药品检查员制度 ·· 107
  7.1.1 日本药品检查员部门管理体制 ································· 107
  7.1.2 日本药品检查员招募 ·· 108
  7.1.3 日本药品检查员的职业发展 ····································· 109
7.2 日本药品检查员制度的主要特点 ·································· 110
  7.2.1 独立行政法人之优势 ·· 110
  7.2.2 不断因应环境之变化 ·· 112
  7.2.3 培养药品检查人才与协调国际规范之统一 ············· 112
7.3 对我国职业化药品检查员制度建设的启示 ···················· 114
  7.3.1 系统推进 ·· 114
  7.3.2 提升职业荣誉感 ·· 114
  7.3.3 保障独立检查权限 ··· 115
  7.3.4 提升检查员的外部适应力 ································· 115

第8章 "互联网+监管"：网络保健食品监管研究 ··············· 116

8.1 网络保健食品发展现状 ··· 116
8.2 网络保健食品市场存在的安全风险 ······························ 118
  8.2.1 产品质量参差不齐 ·· 118
  8.2.2 一些进口保健产品游离于监管之外 ···················· 118
  8.2.3 虚假夸大宣传问题突出 ···································· 119
8.3 网络保健食品安全监管存在的难题 ······························ 119
  8.3.1 跨地域监管挑战 ·· 120
  8.3.2 网络执法挑战 ·· 120
  8.3.3 部门协同挑战 ·· 120
  8.3.4 法律协同挑战 ·· 121
8.4 网络保健食品监管对策建议 ··· 121

8.4.1 建立健全电子商务诚信体系 ………………………………… 121
8.4.2 推进实施智慧监管 …………………………………………… 122
8.4.3 加强部门和地区之间的协调 ………………………………… 122
8.4.4 对出口我国的外国相关产品进行认定 ……………………… 122
8.4.5 对相关法律和监管政策进行协调 …………………………… 123

第9章 监管战略：国家食品安全战略的制定 ……………………… 124

9.1 食品安全与食品安全战略 ………………………………………… 124
9.2 制定国家食品安全战略的三个重要问题 ………………………… 125
  9.2.1 如何在我国食品安全的发展历程中定位食品安全战略 …… 125
  9.2.2 如何在食品安全战略框架下解决政策与治理协同问题 …… 128
  9.2.3 如何持续提升食品安全各相关主体的能力 ………………… 131
9.3 结语 ………………………………………………………………… 134

第10章 监管实践：中外保健食品信用监管对比研究 ……………… 135

10.1 我国保健食品信用监管的主要做法 …………………………… 135
  10.1.1 我国保健食品安全信用监管立法的总体状况 …………… 135
  10.1.2 我国保健食品安全信用监管的地方实践及其主要做法 … 142
10.2 典型发达国家信用监管及其在保健食品行业的运用 ………… 147
  10.2.1 美国 …………………………………………………………… 147
  10.2.2 德国 …………………………………………………………… 157
  10.2.3 澳大利亚 ……………………………………………………… 162
  10.2.4 日本 …………………………………………………………… 167
  10.2.5 新加坡 ………………………………………………………… 173
10.3 中外信用监管对比分析及启示 ………………………………… 178
  10.3.1 中外信用监管对比分析 …………………………………… 178
  10.3.2 中外信用监管对比的启示 ………………………………… 182

参考文献 ………………………………………………………………… 184

后　记 …………………………………………………………………… 203

第 1 章　监管理论：信用监管的一般理论分析

我国市场监管是从计划经济发展而来，具有典型的行政吸纳市场的依附型特征。❶ 这种行政主导的监管模式虽然在市场经济发展初期对规范主体行为、构建有序市场起到了重要作用，但随着市场经济的进一步发展，特别是进入经济社会高质量发展的新时代，越来越显露其弊端，监管现代化改革成为一项历史性课题。在经济改革和政策实践中，推进信用监管是我国构建新型监管机制的核心，但是在理论研究中对信用监管的内涵、特征、机制、要素、过程等一般问题尚缺乏深入、系统的剖析，且存在一些争议。理论上对基本问题认识含糊不清不仅不利于知识的生产和交流，而且影响信用监管改革实践和成效。本章围绕信用监管的三个基本问题展开。首先，分析我国信用监管改革的背景与动力，明确信用监管的功能优势；其次，厘清信用监管的内涵、特征及作用机制，加深对信用监管属性与内在机制的理解；最后，探讨信用监管的实现路径，分别从静态角度分析信用监管的基本构成要素和动态角度把握信用监管中信用信息从生产到反馈的全周期过程。

---

❶ 胡颖廉．"中国式"市场监管：逻辑起点、理论观点和研究重点［J］．中国行政管理，2019（5）：22-28.

1.1 为什么推进信用监管：动力与优势

当前，信用监管变革既是顺应市场经济内在本质要求的必然选择，又是在经济、政治、文化等外在环境变化驱动背景下市场监管不断进行调适、创新的工具性应对。

1.1.1 推进信用监管是市场经济发展的内生性要求

市场经济是信用经济，加强信用建设、推动信用监管是市场监管改革的应有之义。市场经济要充分发挥市场配置资源的作用，依赖于公平、公正和平等的市场交易，依赖于交易双方所提供和掌握的信息充分，而这些都以信用为基础。❶ 反之，缺乏信用将导致市场主体之间交易成本增加，破坏市场机制的资源配置功能。我国的社会主义市场经济也是信用经济，但是从计划经济发展而来的我国市场经济建设中所形成的市场监管模式更多依靠法律和行政手段。

1.1.2 推进信用监管是解决企业信用缺失的治本之策

在市场经济建设过程中，企业信用缺失问题时有发生，尤其是食品药品领域的安全与质量问题，不仅损害市场经济秩序的健康发展，而且严重侵害消费者的合法权益甚至生命健康。当前，应加强企业诚德建设，推动企业诚信经营，就必须加强对企业的信用建设与信用监管，从根本上引导约束企业主体自律自治并激发其守法守信的内生动力，这是真正解决企业信用缺失、市场乱象的治本之策。

---

❶ 吴学军，朱文兴. 经济信用机制的缺失与建立［J］. 国家行政学院学报，2003（4）：51-54.

1.1.3 以互联网为核心的现代信息与通信技术发展为信用监管提供新的需求和可能

随着计算机、互联网、大数据等信息与通信技术不断发展，以新技术、新产业、新业态、新模式为代表的"四新经济"成为我国新时期经济发展转型的重要方向，这些新经济模式由于现代信息技术的广泛嵌入和深化应用，具备了不同于传统经济的一些典型特征。一方面，信用是这些新经济模式产生的必要前提，非信用行为也是新经济发展所面临的最大障碍，因此更加重视市场信用建设、加强企业信用监管，成为解决新经济发展中存在的信用难题、推进新经济发展的必然要求；另一方面，信息技术也为信用建设与监管提供了技术可能性，利用企业在网络上产生的海量数据信息更加方便、快捷、低成本地获取、评估与监测，信用监管模式的转型不仅必要而且可能。

1.1.4 信用监管相对于传统监管的优势使其成为监管改革的优选策略

总体上，信用监管变革相对于传统监管模式的功能优越性体现在以下方面。一是信用监管的成本优势。任何监管都是有成本的，信用监管降低了传统监管高昂的执法成本，避免陷入执法资源严重不足的困境。二是信用监管的绩效优势。信用监管主要借助于市场而不是行政的力量，比传统监管具有更好的监管效果，对于降低企业交易成本、激发企业活力、引导企业合规行为、维护公平竞争市场环境均具有积极意义。三是信用监管的价值优势。信用监管顺应了放松监管的理念，给予市场主体更多的自由权利，与政府优化营商环境、构建服务型政府的改革目标一致。此外，对于消费者而言，信用监管也体现了政府为民众提供更多"可利用的信息选择"，将简明、易查询的信用信息公示更有助于他们了解相关情况，成为有效引导个人、市场与社会选择的信号，体现了政府通过信息技术完善自身的信息服务、信用监管、透明公开的义务履行。[1]

1.2 信用监管是什么：内涵、特征与作用机制

1.2.1 信用监管的内涵

信用是一个复杂的概念，信用研究遍布经济学、法学、社会学、政治学等多个学科领域。总体来看，对信用的理解涵盖以下三个方面：一是从道德的范畴，将信用看作诚信、诚实、值得信任的品质，强调信用是一种优良的道德准则。二是从经济的范畴，信用是基于交易理性、体现契约精神的一种关于各种财产跨期交易活动的制度规则。[2] 三是从法律的范畴，信用是民法以及其他法律的通用原则，是"相信他人会给自己以保护或某种保障，它既可以涉及从属关系，也可以涉及平等关系"。[3]

监管同样是充满争议的概念，始终未形成统一清晰的界定，如对监管主体即有两种不同理解：一种是以国家为中心的监管概念。被广泛引用的是塞尔兹尼克（Selznick）的开创性定义，认为监管是"公权力机构对那些社会群体所重视的活动进行持续而集中的控制"。[4] 另一种是以社会为中心的监管概念，认为以公权力机构为监管主体过于强调"硬法"，而忽视了其局限性以及社会规范和其他形式的"软法"在社会治理中的重要性，认为在政府之外，非政府组织（行业协会、公司、个人、审计等专业机构和技术机构等）在监管中的作用也很重要。总体来看，在对监管的理解超越了对行政机关作为单一监管主体的限定后，监管的核心即在于建立规范来指导或调整行为活动，以实现既定的公共政策目标。在这里，监管同时是对

---

[1] 王瑞雪. 政府规制中的信用工具研究 [J]. 中国法学, 2017 (4)：158-173.

[2] 魏明, 王琼, 褚俊虹. 信用制度的变迁与我国信用制度的建设 [J]. 管理世界, 2006 (2)：148-149.

[3] 格罗索. 罗马法史 [M]. 黄风, 译. 北京：中国政法大学出版社, 1994：234.

[4] SELZNICK P. Focusing organisational research on regulation[M]//NOLL R. Regulatory policy and the social sciences. Berkeley：University of California Press, 1985：363.

受制于规范的个人或组织的行为进行监控并反馈给监管主体的过程或行为，包括设定规则、收集信息、建立反馈或监督机制，并设立纠正违反规范行为的回应机制等一系列任务。[1]

基于以上对信用、监管的内涵的理解，信用监管也包括多个不同层次，涉及狭义、广义的不同边界。

从狭义来看，信用监管是指政府使用信用工具进行的监管，即行政主体在履职过程中，通过记录、评价、公开和使用公民、法人或其他组织的公共信用信息达到监管目标的规制工具，通过分类管理和联合奖惩措施来发挥作用。[2] 狭义的信用监管强调了监管主体的公权性，将主体限定为政府行政机关或法律、法规授权的具有公共管理职能的组织，体现其强制性和公共性。具体来看，狭义的信用监管行为可以从以下两个视角审视：一是更严格地从行政法规视角，将信用监管视为一种行政行为，更具体的属于行政行为的行政处罚的声誉罚或资格罚[3]，具备法律效力；二是从行政管理视角，强调信用监管作为管理制度和规范，属于政府的行政职能，是政府主体为履行其职能实施的信用监督管理活动。

从广义来看，信用监管涵盖所有为纠正市场失灵、实现良好的市场秩序的目标，能够对监管对象进行引导和约束的社会控制机制。首先，从主体来看，广义的信用监管主体除政府行政组织以外，还包括非政府组织、公民、企业之间及企业自身，所有这些主体采取的能够对市场主体进行有效引导和约束的信用机制都归属于信用监管；其次，信用监管主体的多元性也意味着信用控制的不同属性和不同实现机制，如企业基于商业道德和社会责任的自我控制，消费者基于信用信息认知的市场选择，社会组织、行业协会等第三方的独立、中性、客观的信用评价与风险预警等。

比较来看，广义、狭义的信用监管的区分有其积极价值。一方面，从广义上理解信用监管，有助于构建多层次的现代化信用监管体系，特别是政府监管与企业和行业自律，非政府组织、公众、消费者、媒体等的监管

---

[1] 宋华琳. 迈向规制与治理的法律前沿——评科林·斯科特新著《规制、治理与法律：前沿问题研究》[J]. 法治现代化研究，2017（6）：182-192.
[2] 王瑞雪. 政府规制中的信用工具研究 [J]. 中国法学，2017（4）：158-173.
[3] 袁文瀚. 信用监管的行政法解读 [J]. 行政法学研究，2019（1）：18-31.

的相互配合、相互补充，不仅能弥补政府监管的不足，缓解政府监管的资源压力，而且有助于促进不同监管主体之间的合作配合，增强监管效果；另一方面，从狭义上理解信用监管，也是结合我国社会主义市场经济的特点和发展历程，有助于充分把握政府作为信用监管中最重要的主体及其在监管治理中的多重角色，对当前阶段有效推进我国的信用监管具有积极意义。总之，对信用监管内涵的理解需要结合狭义和广义两种思路，既避免偏狭，又能把握核心和当前重点。

1.2.2 信用监管的特征

为进一步深入理解信用监管的内涵，还必须从属性上把握信用监管区别于其他监管模式的一些独有特征。

1.2.2.1 从监管者与被监管者的关系来看，信用监管是建立在信任基础上的监管

传统监管方式背后是典型的"有罪推定"❶式理念，这种对市场主体的不信任将直接导致监管在制度设计上采取更加严格的命令型和基于惩罚的控制方式，这在一定程度上剥夺和限制了民众自由从事市场经营活动的权利，与市场经济内含的信用经济理念完全相悖。与此同时，不同于命令—控制的监管，信任关系的信用监管更多采用基于"市场"的控制系统，采取更少限制和基于激励的控制方式，主要通过激励驱动的制度安排促使被监管者所追求的目标与监管目标达到一致，激发被监管者遵法守信的内在动力。

1.2.2.2 从监管的依据来看，信用监管是以市场主体既往行为表现的信用信息及其评价为基础

信用评价是通过对相对人既往守法、违法信息进行重新评价，通过其既往表现中涉及信用的客观信息量化表征主体信用并进行评级，最终以信

---

❶ 张维迎. 市场与政府 [M]. 西安：西北大学出版社，2014：102.

用语词为载体形成相对人的信用肖像或信用档案。这种信用评价评级进一步涵盖了监管主体对相对人的褒扬和责难，成为当下或未来的信用监管实施的基础和依据，在宏观上可进行统计概论、预测趋势，在微观上可标识异常、防范风险等。

1.2.2.3　从监管的方式来看，信用监管是面向风险的、分类的精细化监管

在信用记录与评价的过程中，政府完成了大量的信息收集、选择、验证和分类工作，信用评价以简明的符号或评分的形式呈现，为提示风险和交流共享提供极大便宜。针对不同的信用评级和潜在风险，尤其是针对高风险的低信用评级企业，增加检查频次、重点关注、开展针对性执法等。总体上，信用监管是面向风险的预警监管，主要通过信用评价的风险提示功能，而非对已发生的违法行为的处罚或纠正。此外，信用监管也是分类的精细化监管，传统监管手段是"无差别待遇"策略[1]，而根据回应性监管理论，监管的回应性要求基于监管对象不同的动机采取不同的措施，信用监管对不同信用水平的企业实施不同的监管手段和强度，这些信用信息与被规制对象日常表现积累而来的信用情况直接相关。

1.2.2.4　从监管的性质来看，信用监管兼具法律性和道德性，具有"硬"监管和"软"监管的双重特点

首先，信用监管的法律性意味着企业的某些信用行为或失信行为是守法或违法行为，是企业必须遵守的规范和义务，具有强制性和强约束性，属于底线要求；其次，信用监管的道德性则表明其具有更高标准的要求，要求企业有更高的道德水准，承担更多的社会责任，体现了从聚焦"底线义务"到兼顾企业社会责任的"更高实现"。

1.2.3　信用监管的作用机制

从本质来看，信用监管的作用机制即是回答这样一个问题：信用这种

---

[1]　王湘军，刘莉. 冲击与重构：社会变迁背景下我国市场监管手段探论［J］. 中共中央党校（国家行政学院）学报，2019（2）：102-111.

道德性资源引导和约束企业行为的内在机制是什么？具体来看，首先，道德机制的发挥源自内在的自律；其次，自律机制需要外在保障，这种保障又可以分为市场化的自愿保障和非市场化的强制性保障。

1.2.3.1 内在道德机制

诚实守信作为一种优良品德被广为推崇，无论是信用的自我监管还是外界监管，坚持信用行为都是主体对善的积极追求。因此，基于信用的监管首先是自我监管，体现了企业基于内在责任的自我道德要求，其约束力首先来自道德自觉，这典型地体现了信用监管的本质特征[1]，即通过内在激发企业对自我、消费者及社会的诚信承诺来推动企业的信用行为。也正是在这个意义上，信用监管是充分调动企业自我规制自主性的治理，与社会的道德信用体系建设密切相关。

1.2.3.2 外在声誉机制

声誉机制是信用监管的核心机制，也是道德外在实现的市场化机制。与刚性的惩戒手段不同，信用监管的本质在于创设声誉机制，通过"点名与羞辱"的形式向被监管主体施加"声誉"风险[2]，借助市场主体和社会主体趋利避害的理性，通过显著影响未来的交易机会来发挥功效。信用声誉实际上是一种公共舆论，具有很强的信号功能，如果存在信息准确的声誉机制，消费者更倾向于将它作为解决信息不完备和不对称的工具，并进一步借助无数消费者的"用脚投票"深刻影响企业利益结构的核心部分。一个发达的市场交易体制足以凭借"抵制购买"警示其他企业放弃潜在的枉行，产生相当的威慑效果，使讲求信用的商业主体会获得更多的交易机会，而信用不好的商业主体会丢失更多的交易机会，进而激发其遵法守信，不断提高市场信誉。[3]

---

[1] 陈兴华. 市场主体信用承诺监管制度及其实施研究 [J]. 中州学刊, 2019 (5): 53-60.

[2] OLSEN B E, SORENSEN K E. Strengthening the enforcement of CSR guidelines: finding a new balance between hard law and soft law[J]. Legal issues of economic integration, 2014 (1): 9-35.

[3] 吴元元. 信息基础、声誉机制与执法优化——食品安全治理的新视野 [J]. 中国社会科学, 2012 (6): 116-134.

1.2.3.3 失信惩戒和守信激励

失信惩戒和守信激励是道德实现的制度化保障机制，作为一种外部的责任控制机制，两者不同于市场化的保障机制，更依赖政府的主导和介入，具有直接性、强制性和可控制性。失信惩戒通过影响失信人的多方权利义务发挥"二次约束"作用，既能在失信者实施失信行为之前就进行识别并加以约束或限制，也能为行政机关的事中监督提供信息基础❶，特别是"一处失信，处处受制"的联合惩戒机制，使得信用问题成为"牵一发而动全身"的关键性问题，在日常监管事项，如行政许可、行政检查、与行政处罚等"联合"事项上对"失信"主体采取不同程度的强制、限制、影响与披露措施。相对应地，守信激励机制是政府采用的正面激励机制，通过对"守信"主体采取不同程度的优先、便利或表彰措施，引导市场主体做出守信行为。

比较来看，信用监管的多重机制体现了信用的道德价值、市场契约履行及法律规范等不同属性对个体的约束方式，三者展现了信用监管效用发挥的不同机制，各自适用于不同的监管情境。在信用监管的制度设计中，必须充分认识到信用发挥作用的不同机制并促进其相互配合，共同驱动企业的守信行为选择。

1.3 信用监管如何实现：静态要素和动态过程

信用监管的实现以信用信息为基础。事实上，信息越来越被视为国家治理的基础，行政组织构建有关治理对象的信息系统决定着国家治理的深度和边界。❷在信用监管中，正是通过信用信息的广泛传播，消除了政府、消费者与企业及企业与企业之间的信息不对称，为信用监管机制的发挥提供了载体和依据。具体来看，信用监管是一个涵盖信用信息从生产到反馈

---

❶ 金玉笑. "信用"的内涵与边界 [J]. 浙江经济, 2019 (20): 9.
❷ 吴元元. 食品安全信用档案制度之建构——从信息经济学的角度切入 [J]. 法商研究, 2013 (4): 11-20.

的全周期过程，以获取信用信息为起点，通过对信用信息的评价及发布，帮助市场主体实现信息甄别、做出理性消费决策，同时为政府主体的监管设计及执法提供准确指引。本部分围绕信用监管的信息基础，首先，从静态角度探讨信用监管的基本构成要素，包括信用监管主体、信用信息内容、信用监管工具；其次，从动态周期过程讨论信用监管的信用信息采集、评价、公开、使用反馈等基本过程。

1.3.1 信用监管的静态构成要素

1.3.1.1 信用监管主体

信用监管的一大优势在于整合了多元监管主体。信用监管效用的充分发挥，必须重视不同主体在信用监管中的作用，把握各主体在信用监管中的差异化角色和作用方式，并推动各主体的合作与协同监管。

首先，政府行政机关显然是最主要的监管主体。作为信用信息的收集、评价、共享和使用者，政府在强制获取企业信息，整合各涉企公共部门企业信息及构建信用监管制度体系方面具有明显优势，必须重视政府在信用监管中的主导作用及其在推动其他主体参与信用监管的"元治理"角色。

其次，消费者也是重要的监管主体，以广大消费者为代表的市场力量，是最终决定企业生命的一方，可以激活控制体系的复合效应。❶事实上，信用监管声誉机制作用的发挥有赖于消费者充分掌握企业的信用水平，才能让消费者"用脚投票"的选择机制发挥威慑作用，如何保障消费者方便、快捷、充分地获取和使用企业信用信息并作为市场决策的依据，成为发挥消费者的监管作用、推动信用监管的难点。

最后，作为第三方监管主体，行业协会等社会组织在信用监管中也扮演着重要角色。有研究总结指出了信用行业协会在监管中的作用可以总结

---

❶ 吴元元. 食品安全信用档案制度之建构——从信息经济学的角度切入 [J]. 法商研究, 2013 (4): 11-20.

为搭建关联性平台、聚焦行业政策和共享信用信息等多条路径。❶

此外，信用监管强调了企业的自我控制，主要依靠个人伦理、信念、荣誉等约束自我行为选择，避免实施违法行为。❷ 在实践中，可以通过构建和完善市场主体信用承诺制度，推动市场主体的自我约束、诚信经营。❸

1.3.1.2 信用信息内容

信用信息是信用监管的主要依据，信用信息涵盖的内容一般被认为是公共信用信息。所谓公共信用信息，是指行政主体、司法机关、公共企事业单位在履职过程中制作或获取的、以一定形式记录或保存的行政相对人信用状况的信息❹；相对应地，那些市场主体在生产经营活动中产生或获取的个人、企业信息不具有公共性，不属于公共信用信息的范畴。目前，根据我国《企业信息公示暂行条例》规定，企业主要公示两类信息：年报和即时信息。其中，前者包括企业地址、联系方式、存续状态、企业对外投资、股权结构及会计信息等内容，由企业自主填报与申报；后者主要包括注册登记与备案信息、出资情况的变化、行政处罚等，该类信息强调公示的即时性，在上述信息形成20个工作日之内，企业应主动登录公示系统予以公示。

总体上，目前我国企业信用信息的内容更多的是有关是否遵循法定义务这些基本行为的信息，但关于企业具体的遵守交易活动契约等市场行为的信息较少，如质量信息、税务信息、环保信息等虽然也有记录但尚未纳入整体的信用信息平台。另外，目前的信用信息也比较缺乏从负面清单重点标记企业不良信息的记录，这都导致难以真正全面准确地考量企业真实的信用水平。

需要注意的是，信用信息是有界的，应剔除那些包括道德规范在内的

---

❶ 视丽丽，周雨，吴瀚然. 强化行业自律完善市场信用监管 [J]. 宏观经济管理，2019（7）：28-33.

❷ 吴元元. 食品安全信用档案制度之建构——从信息经济学的角度切入 [J]. 法商研究，2013（4）：11-20.

❸ 陈兴华. 市场主体信用承诺监管制度及其实施研究 [J]. 中州学刊，2019（5）：53-60.

❹ 袁文瀚. 信用监管的行政法解读 [J]. 行政法学研究，2019（1）：18-31.

不属于信用范畴的信用信息，不得过度扩大不良信息、严重失信等的认定范围。此外，还应特别注意企业合法信息的隐私保障，如涉及商业秘密、不受法律规范调整的行为等，应通过厘定免于记录与评价的事项，避免对企业合法介入，保障企业合法权益。

1.3.1.3 信用监管工具

信用监管是整合多元监管工具的监管，有效的信用监管必须综合运用多种监管工具。根据王瑞雪的概括，新的治理工具可分为三类：一是以市场为基础，通过经济因素引导企业行为；二是以信息为基础，通过声誉机制和社会监督机制影响企业行为；三是企业自我规制自主性治理工具，通过企业承担更多社会责任。在信用监管中，也必须充分整合以上三种不同的监管工具。首先，以市场监管工具为核心，通过充分、有效的信息披露，借助消费者的作用增进企业基于利益驱动的信用行为的主动选择；其次，要辅助政府强制性的监管工具，通过政府构建基于企业信用等级的财政、税收等激励及行政处罚制度；最后，还必须充分发挥企业的自我承诺和社会责任建设，建立事前信用承诺制度、构建市场主体信用档案等。推进信用监管建设必须整合信用监管工具，并促进多元监管工具的适配协同。

1.3.2 信用监管的动态周期过程

信用监管是一个系统工程，包括多个环节，各环节按照周期流程相互衔接、匹配，共同构成了信用监管的全过程。以信用信息为核心，信用工具可以分为信用信息记录归集、信用信息评价分级、信用信息共享公开、信用信息使用反馈等四个基本环节。

1.3.2.1 信用信息记录、归集

信用信息是信用监管的基础和依据。"信用"须通过客观信息表征体现，因此对企业信用信息的记录、归集成为构建信用监管的起点。其中，信用信息的记录主要是指政府在履行职能过程中对产生的反映相对人信用情况的数据和资料按照信用话语体系进行记录整理，其实质是政府对相对人信用相关行为的事实描述。目前，信用信息记录主要是通过设定公共信

用信息目录，限定公共信用信息的范围，充分整合利用司法机关、行政机关、征信机构、社会组织依法采集的各种金融信息、行业信息、司法信息等。现行的企业信息公示系统主要是通过要求各类市场主体上传自身的信息来实现，这种信息记录获取突出了市场主体的社会责任，但是也存在一些问题，如企业信息填报的积极性、主动性不强，记录的公共信用信息的真实性、准确性、完整性不够，这都需要扩展信用信息记录主体、完善信用信息记录规范、明确信用信息记录标准等。

企业信用信息记录还必须重视信用信息归集，主要是指不同主体、不同部门收集企业信用信息要实现统一整合，防止信用信息分散化、碎片化，避免信用信息孤岛，但是目前的企业信用信息归集往往欠缺质量、过于分散、缺乏整合，如何进一步建立统一的信用数据交换平台，推动税务、工商、公安、交通等产生信用信息的跨部门整合，是目前信用信息归集的重要任务。

1.3.2.2 信用信息评价、分级

信用工具是致力于通过简单符号概括复杂信息，旨在通过精巧披露告知公众相关信息，而非将大量空泛、琐碎、专业、复杂的信息直接向公众披露[1]，因此信用信息的评价、分级非常重要。信用评价、分级本质上是基于既往行为是否合法合规的二次评价，通过考量相对人已经受到依法处理的不同程度、类型的守法或违法行为界定为守信或失信行为的方式，建立新的肯定性或否定性评价体系[2]，这些评价是相关主体认知选择的"信号"，也进一步成为后续政府监管主体采取激励或惩戒措施的直接依据。

相较于金融领域的评价标准，我国目前对企业信用标准的认定尚未形成科学、统一的评价体系。各部门从自身职能考虑设计信用评判规则，往往范围狭窄，标准分散，具体指标也较为粗放。在分级上，我国目前的企业信用信息公示系统采用的评价分类为经营正常、经营异常和严重违法，评价指标选取单一匮乏，与信用水平关联性不够，分级也过于简化，参考

---

[1] HO D E. Fudging the nudge: information disclosure and restaurant grading[J]. The Yale law journal, 2012, 122(3): 574-688.

[2] 王瑞雪. 公法视野下的信用联合奖惩措施[J]. 行政法学研究, 2020 (3): 82-94.

性不足，形成的信用评级也无法全面准确地反映企业真实的信用水平，在很大程度上导致了评价结果管理运用的局限性，也是监管协同性差的原因。针对信用评分工作的科学性、复杂性及专业性，我国政府在创建企业信用公示制度的信用评分时，可以通过签订协议的方式外包给独立的第三方机构来进行信用评分，帮助政府提高管理效率。[1] 在信用评价的指标上，也应顺应社会变迁的新趋势，重视企业社会责任履行度、消费者满意度等新的指标，使其成为重要的评级依据之一。此外，还有研究指出要注重信用评级标准制定过程中各利益相关主体的参与，建立有效的协商机制与公众参与程序，以实现各方利益的均衡、协调。

1.3.2.3 信用信息公开、共享

信用信息公开、共享是信用信息评级后的传播行为，也是监管主体实施信用监管的重要基础性工作。在信用监管中，信用信息的广泛传播能够削减交易双方的信息不对称，不仅可以降低交易风险，也能缓解公共机构的执法压力。

首先，公开是指监管主体将信用信息评价分级后向市场、社会主体公示披露，这种公示的价值在分工与交易发达的市场经济中尤为重要，因为信用评级只有通过公开披露才能进入市场主体的认知结构，成为商业决策和社会交往的依据，即社会性制裁与法律制裁经由信息共享和公开产生对接，这对法律实施的促进作用在很多情形下是单纯的罚款工具所无法比拟的。[2] 特别是在取消了准入限制的市场活动领域，信息公开披露可被视为一种消极许可[3]，通过声誉机制产生指导市场主体行为的监管效果。推进信用信息公开应当以区分公示标准、提升信息质量及明晰公示事项为基础，同时信息的披露应当避免过度专业化，以保障公开信息的理解度和传播效率。

其次，信用信息共享则强调了信用信息在监管主体之间的传播、分享。信用监管是协同监管，协同监管以信息共享为基础。推动信用信息分享、

---

[1] 吴韬. 企业信用信息公示制度研究 [D]. 上海：华东政法大学，2017：6.
[2] 应飞虎，涂永前. 公共规制中的信息工具 [J]. 中国社会科学，2010（4）：116-131.
[3] 王克稳. 论行政审批的分类改革与替代性制度建设 [J]. 中国法学，2015（2）：5-28.

共享不仅避免了部门化信用评价的分散和不一致，也提供了推进联合奖惩机制、构建部门联动机制的统一信息基础。只有在信用信息共享共用的前提下，才能真正建立部门联动机制，推动部门联合与系统执法，实现联合惩戒，让违法违规使用者"一处失信，处处受限"，对失信市场主体形成威慑效果。❶反之，如果信用信息共享水平低，不同部门之间的信用协同监管就很难建立起来，往往因信息分散、不统一导致合作流于形式，监管效果也将表现不佳。

1.3.2.4 信用信息使用

信用信息使用，即信用信息发挥效用的过程，是信用监管的最终实现，贯穿于信用监管的事前、事中、事后的全周期。

在事前监管中，信用信息的使用主要包括信用查询、信用承诺、信用预警等，如推动建立"信用查询+信用承诺+容缺受理"管理模式，通过事前查询主体公共信用评价结果和信用档案，允许信用状况良好且无严重失信行为的主体在做出信用承诺后容缺受理。❷

在事中监管中，主要是依据不同的信用评级采取差异化分类监管，即监管机构依据监管对象的信用评级采取不同的监管措施，对公共信用评价结果为优秀的主体依法降低检查频次，对公共信用评价结果为较差或有严重失信行为的主体依法加强监管等，从而提高行政监管资源的配置效率。

在事后监管中，主要是构建联合奖惩机制，实现对实施事前信用承诺、事中信用分类监管后的市场主体守信、失信行为的结果反馈。首先，守信激励是指行政主体根据相对人的信用评价与守信行为，对"守信"主体采取不同程度的优先、便利或表彰措施，如给予守信企业在融资担保、税收减免等方面优先扶持，在重合同守信用企业认定及年度免检等方面采取措施，提高信用行为的美誉度和实际价值。❸ 其次，失信惩戒是指行政主体根据相对人的信用评价与失信行为，对"失信"主体采取不同程度的强制、

---

❶ 徐晶心. 政府主导下的国家企业信用信息公示系统管理研究 [D]. 上海：华东政法大学，2018：48.

❷ 李利智. 信用监管正当其时 [J]. 浙江经济，2018（23）：44.

❸ 马国建，梅强，杜建国. 中小企业信用监管路径演化研究 [J]. 系统管理学报，2011（2）：168-174.

限制、影响与披露措施。从本质上来看,这是对守信行为的责任控制约束机制,其威慑力取决于查出的概率和联合惩罚的严厉程度。另外,信用奖惩机制强调联合奖惩,即重视监管的联合与合作,是一种通过信用信息的共享与公开推动各行业、各领域主管部门扩展开展联合奖惩的事项及对应的奖惩措施,以显著提升奖励的吸引力与惩戒的威慑力。

需要指出的是,信用联合奖惩尤其是惩戒是一种主要由行政主体做出的高权性、直接性、强制性的限制,往往对行政相对人的权利义务产生重要的实际影响,因此必须将其置于法治的框架下加以约束,同时也应当加强对失信行为进行分级分类,对失信者给予有前提、有程序、有限度的整改机会,推动信用修复。

1.4 结语

前文对为什么推进信用监管、信用监管是什么及如何推进信用监管三个基本问题进行了一般理论上的梳理和阐述。作为一个综合性概念,信用监管已经成为当前我国推进监管机制改革的核心思路,理论上的系统梳理有助于我们深刻把握信用监管的内在价值与科学规律,也为分析和推进现实各领域、各行业的信用监管改革提供了基本框架。

第 2 章　监管绩效：市场监管现代化理论及其指数构建

2017年1月12日，国务院印发的《"十三五"市场监管规划》，提出"加强和改善市场监管，是政府职能转变的重要方向，是维护市场公平竞争、充分激发市场活力和创造力的重要保障，是国家治理体系和治理能力现代化的重要任务"。党的十九大做出建设现代化经济体系的重要部署，要求"深化商事制度改革，打破行政性垄断，防止市场垄断，加快要素价格市场化改革，放宽服务业准入限制，完善市场监管体制"。可以看出，无论是作为国家治理体系的一部分，还是作为现代经济体系有效发挥作用的支撑，市场监管都面临着现代化的任务。而怎样理解市场监管现代化，深刻认识其在现代化中的地位和作用，同时在实践中对一个国家或地区的市场监管现代化开展科学评估，无论是理论界，还是实务界，都还缺乏较为成熟的共识。下面旨在对这一问题进行探讨，力图在梳理现代化理论与市场监管理论的基础上，构建可以对地区或城市进行评估对比的市场监管现代化指标体系。

2.1　现代化：一个多元演进的历史进程

现代化理论发端于20世纪50年代末。第二次世界大战（以下简称"二战"）后形成美苏对峙局面，一大批相继独立的民族国家处于中间地带。为了争夺阵营，以美国为首的西方国家引导其高校和科研机构研究出一种可供独立的民族国家借鉴的发展理论。经典现代化理论以马克斯·韦伯、埃米尔·迪尔凯姆等经典社会学家传统与现代二分法理论为基础，以西方国家近代以来结构性社会变迁为参照系,力图"阐明发展中国家得以实现工业化和现代化的条件,并就由此产生的社会变动的性质做出提示"❶。他们认为,17世纪文艺复兴以来,西方社会经历了一个复杂的、长期的现代化过程,这一过程是一个多方面的变化过程,涉及人类思想和活动的一切领域❷,是现代性逐渐取代传统性的进步过程,在实现现代化的国家,现代性占主导地位,具有以下特征:"工业市场经济、持续的经济增长、大规模的科层组织、较高的识字率、正规教育的普及、不平等程度的降低、社会流动的增加、较低的人口出生率、城市化、宗教影响力的衰落、能适应变迁的结构、现代的价值系统等"❸,发展中国家在社会转型过程中将会不可避免越来越多地体现这些现代社会特征。

现代化理论甫一问世,便因契合发展中国家的转型需要而受到广泛欢迎,在20世纪50年代末和整个60年代都十分流行,但随后由于美国在60年代遭受霸权危机和发展中国家在不平等的世界秩序下推行经济发展与社会变革遭遇挫折,引发了许多对现代化理论"西方中心主义"价值观和"单线进化"历史观方面的批评,所以其研究陷入近20年低落期。直到80年代后期,现代化理论相关研究才又重新活跃起来,学者们对东西方不断变化的发展态势进行了理论分析。一部分学者观察到资本主义进入全球化、信息化以来的发展变化,认为现代化所追求的确定性由于技术力量的不可控性恰恰导致了不确定性和风险性,其所追求的个体独立性由于颠倒了人与物的关系导致了个体的附属性和异化性,现代化进入新阶段,"在这个新阶段,进步可能会转化为自我毁灭,一种现代化削弱并改变另一种现代化,这便是我所说的自反性现代化阶段"❹;一些学者观察到拉美、东亚及社会主义国家经历了不同的现代化模式与形态,一些国家取得了成功,一些国家则遭遇了挫折与艰难,认为应充分认识现代化的复杂性,从多元的视角探讨现代化问题。

---

❶ 亨廷顿. 现代化:理论与历史经验的再探讨 [M]. 罗荣渠, 译. 上海:上海译文出版社, 1993:111.

❷ 亨廷顿. 变化社会中的政治秩序 [M]. 李盛平, 等, 译. 北京:华夏出版社, 1998:32.

❸ 孙立平. 社会转型:发展社会学的新议题 [J]. 开放时代, 2008 (2):57-72.

❹ 贝克, 吉登斯, 拉什. 自反性现代化 [M]. 赵文书, 译. 北京:商务印书馆, 2001:6-7.

虽然存在意识形态色彩和模式道路方面的争议，但不可否认的是，现代化理论展现了人类社会自近代以来发展进步的宏大历史进程，揭示了这个进程所必然要经历的深刻变化。其实，在现代化理论提出之前，马克思即已提出我们所必然要经历的这一经济社会形态，他在《政治经济学批判（1857—1858）》中指出："人的依赖关系（起初完全是自然发生的），是最初的社会形态……以物的依赖性为基础的人的独立性，是第二大形态……建立在个人全面发展和他们共同的社会生产能力成为他们的社会财富这一基础上的自由个性，是第三个阶段。第二个阶段为第三个阶段创造条件。"❶第一个阶段的特征是自然经济、等级政治和共同体文化，这三个方面都是前现代社会的基本特征；第二个阶段的基本特征是社会化商品经济，即市场经济、民主政治和个人主义文化，这三个方面构成现代社会的基本特征；第三个阶段是每个人的自由发展。❷第一阶段向第二阶段转变就是现代化，西方的实践证实，只有经历了现代化过程，资本主义才能孕育出"后现代"直至更深刻的自我否定因素，才能进入更高级的共产主义阶段。社会主义国家的实践表明，在生产力不发达的条件下进行社会主义生产关系改造后，仍面临推进以市场经济为特征的经济现代化及国家治理体系和治理能力现代化等诸多领域现代化之任务。由此看出，现代化是一个多元演进的历史进程，"人类社会不同时序、不同地域条件下的（经济）现代化，犹如百花一般；同时，又像百花齐放要受季节的支配、制约，具有客观规律一样，不同时序、不同地域的（经济）现代化又具有不可逆、趋向进步、结构变迁等共性和一般规律"。❸

2.2 监管型国家的兴起：现代化的内在要求

从一般意义上讲，监管是指政府对私人的经济社会活动进行管理与控

---

❶ 中共中央马克思恩格斯列宁斯大林著作局. 马克思恩格斯全集（第46卷·上）[M]. 北京：人民出版社，1979：104.

❷ 李继武. 也论现代性、现代化的宏大背景与生长点 [J]. 南京政治学院学报，2009（1）：28-32.

❸ 张仁慧，丁文峰. 论经济现代化的三大规律 [J]. 人文杂志，2004（6）：64-70.

制之过程，其作为一种公共管理行为在中外社会都具有较长历史，如《袁氏世范·处己》记载我国宋代有不法分子"以物市于人，敝恶之物，饰为新奇；假伪之物，饰为真实。如米麦之增湿润，肉食之灌以水。巧其言词，止于求售，误人食用，有不恤也"。❶ 为了打击这些不正当商业行为，官府规定从业者必须加入行会，而行会必须对商品质量负责。❷ 再如，从16世纪到19世纪初，英美及很多欧陆国家的警察具有广泛的监管职能，不仅打击犯罪，还负有保证商业活动有序进行的职责，如检查工厂、颁发售酒许可、保证安全和健康及消费者保护等。❸ 但监管在全球范围内发展成一种具有现代特征的普遍现象则是在19世纪末20世纪初。从美国开始，一场监管国家（regulatory state）建设运动在世界范围内兴起，不同国家和地区从不同时间、起点，通过不同模式均走向了监管国家建设。其中，美国从自由放任主义国家发展至监管国家，西欧自积极型国家转变为监管国家，东亚和拉美国家从发展型国家向监管国家过渡，而俄罗斯和东欧国家则从计划指令型国家向监管国家转变。❹ 监管国家区别于前现代阶段的特征包括设立大量专业的、精细化的监管机构，政府及监管机构介入经济活动的目标定位于修正市场失灵与保护市场竞争，介入经济活动方式从直接的市场干预转变为间接的政策调控，监管机构相对于产业利益具有相对独立性等。这种监管国家的兴起不是偶然的，而是现代化发展到一定阶段的内在要求。

2.2.1 弥补市场失灵的需要

现代化一个重要特征即是发展市场经济。市场经济虽然是人类社会迄今为止发现的最有效的资源配置方式，但却天然地存在着一些缺陷，会导致垄断、信息不对称、外部性、不公平分配、经济危机等"市场失灵"的情形，因而需要政府干预以维护社会稳定和公共利益的最大化。在市场经

---

❶ 张炜达. 古代食品安全监管述略 [N]. 光明日报，2011-05-26 (11).
❷ 张炜达. 我国古代食品安全监管 [J]. 政府法制，2011 (8)：8.
❸ BRAITHWAITE J. Regulatory capitalism: how it works, ideas for making it work better [M]. Cheltenham: Edward Elgar, 2008: 12-14.
❹ 刘鹏. 比较公共行政视野下的监管型国家建设 [J]. 中国人民大学学报，2009 (5)：131.

济的初级阶段，虽然存在市场失灵风险，但由于市场的规模小、复杂程度低，整体市场失灵的风险还不高，对政府监管的要求也低，仅仅需要政府选择性的干预，并且监管机构的专业化、分工化程度也较低。随着现代市场经济的发展日益扩大和复杂化，不仅商品市场和生产要素市场日臻完备，还有无形财产和技术、信息市场，专利权和知识产权市场，货币衍生品、期货、期权、风险市场❶，每个领域的市场规模都相当庞大，都具有不完全信息和外部性的特征，同时又与其他领域相互作用，经济波动与"市场失灵"的风险被极度放大了，这就在客观上要求在每一领域建立专业的、完善的监管机制，防止局部的"市场失灵"发展成为社会的系统性风险。随着监管分工和范围的扩大，监管的技术性要求也更强了，通常某一领域的监管者必须是本领域的专家，具有专业的技术或知识素养，能够对监管对象的状态或问题做出判断或诊断。

2.2.2 追求高效率的需要

市场经济本质上是法治经济，价值规律和价格机制赖以发挥作用的基础存在保障产权、交易主体权利、契约执行的完善的法律规则体系。在市场经济的初级阶段，法律规则体系主要通过司法途径来保障市场秩序，由于市场类型少和规模小，出现市场失灵的状况时利益受到损害的个体通过诉讼途径即可得到合理纠正。哈佛大学两位教授通过对美国监管政府兴起前 30 年间市场与诉讼的关系研究证实，在监管兴起之前，普通法是维持美国秩序的主要支柱，法院在保护产权、执行合同、对违法者进行惩罚裁决方面起主导作用。❷ 随着市场经济进一步发展，首先，出现了市场的集中和垄断的情形，一些实力雄厚的大企业为了获取垄断利益开始挑战法律和侵害弱势群体的利益，由于占有资源的不对等，法律诉讼方式在处理这方面矛盾上则显得苍白无力、无法保障公平与竞争；其次，法官大多没有足够的产业知识背景，因而发生专业性、技术性较强的利益争端和公共利益保

---

❶ 吴承明. 传统经济·市场经济·现代化 [J]. 中国经济史研究, 1997 (2): 1-5.

❷ EDWARD G, SHLEIFER A. The rise of regulatory state[J]. Journal of economic literature, 2003, 41(2):401-425.

护问题时，法律条文难以详细规定，法官判案能力也相对较低❶，加上市场规模扩大，纠纷的数量也不断增多，法官越来越显得力不从心；最后，司法途径是一种事后救济途径，法庭不能提前解决问题，被动等待诉讼发生往往意味着公共利益已经遭受损害。现代市场经济的发展客观上呼唤更具效率的监管方式，而现代化的理性价值诉求也要求在经济社会管理体制方面建立与工业化时代相适应的高效管理模式，以建立高效的"行政国家"（administration state）为价值导向的公共行政理论在这一时期诞生既顺应了现代化的需要，也恰好为监管国家的兴起提供了理论工具，而独立监管委员会就是"行政国家"这一制度形式在监管领域的体现，威尔逊《行政学研究》的发表和作为监管国家诞生标志的美国联邦贸易委员会的建立同时发生在1887年，就是"监管国家"与"行政国家"同步发展的例证。❷ 依据公共行政理论，行政组织的主要使命在于高效执行法律，为此，应根据统一指挥、专业分工等原则设置其机构，并授予必要的自由裁量、行政处罚等权力，积极主动地开展工作。在各国实践中，行政监管机构普遍具有了准立法权、行政权和准司法权❸，监管机构集中行使三种权力，于事前、事中和事后同时开展监管活动，极大地提高了效率，也直接促进了市场监管机构的勃兴。

2.2.3 适应现代民主政治的需要

在现代民主政治下，各国政府纷纷将市场监管权授予独立监管机构还有基于提高"可信的承诺"（credible commitment）和降低交易成本的考虑。❹ 由于选举政治和官员任期的影响导致公共政策呈现不连续性和不稳定

---

❶ 刘树杰. 论现代监管理念和我国监管现代化 [J]. 经济纵横，2011（6）：1-7.

❷ 杨炳霖. 从"政府监管"到"监管治理" [J]. 中国政法大学学报，2018（2）：90-104.

❸ FESLER J W. Independence of state regulatory agencies[J]. The American political science review, 1940, 34:936.

❹ MAJONE G. Two logics of delegation: agency and fiduciary relations in EU governance[J]. European Union politics, 2001, 2(1):103-122; MCCUBBINS M. The legislative design of regulatory structure[J]. American journal of political science, 1985, 29(4):721-748.

性，官员很难从长远的眼光制定政策，往往为了取悦选民采取短视行为，交替上台的官员不断改变着监管政策，监管政策的可信度较低。另外，由于政治的干预，监管过程中的交易成本也较高。当对投资的监管承诺不完全可信，且监管过程中的政治交易成本足够高时，市场中的经济主体制订长期计划的难度就更大，动机也更弱❶，不利于市场经济的健康发展。在这种情况下，将监管权授予独立监管机构，由其相对独立地实施监管，可以有效避免过多的政治干扰。大量的研究也表明，独立监管机构的独立地位将其与回应性政治隔离起来，有助于稳定人们对监管的预期❷，并有效降低交易成本。另外，立法者倾向于授权给独立监管机构的另一个原因是责怪转移（blame-shifting），当立法者认为需要颁布不受欢迎的决定或不成功地执行程序时，通过将该等权力授予独立监管机构，可以转移公众的责怪。❸ 美国金融监管机构之一的美国联邦储备系统（以下简称"美联储"）几十年的历史表明：一方面，当货币政策受到欢迎时，当权者就宣布正是他们的影响力才使有效的货币政策得以实施；当货币政策不受欢迎时，他们就可以把一切责任都推给美联储。❹ 由是观之，这种利弊兼备的现代民主政治环境促进了独立监管机构的发展，同时独立监管机构的发展也极大地改变了各国的政治生态，如拥有三权的美国市场监管机构与总统、国会和法院保持了若即若离的关系，完全改变了美国传统意义上立法、行政、司法三分的政治生态。

综合而言，市场监管现代化是在现代化条件下政府职能适应市场经济、社会效率和民主政治的需要的客观过程，其中市场经济的发展是决定性的因素。各国进入现代化以来，随着市场经济的规模扩大，市场监管在各国政府职能中已不再像前现代化阶段那样处于边缘，而是核心职能之一，并在开放条件下通过相互学习发展出一些相似的现代化特征。

---

❶ ÇETIN T, ZAHID S M, MEHMET N. Independence and accountability of independent regulatory agencies:the case of turkey[J]. European journal of law economics,2016,41:602.

❷ BERTELLI A M, WHITFORD A B. Perceiving credible commitments:how independent regulators shape elite perceptions of regulatory quality[J]. British journal of political science, 2009,39(3):520.

❸ 邢鸿飞，徐金海. 论独立规制机构：制度成因与法理要件 [J]. 行政法学研究，2008（3）：92-99.

❹ 苏自强，范方志. 美联储独立性研究 [J]. 绵阳师范学院学报，2005（6）：12-16.

2.3 市场监管现代化的指数构建

如前所述，监管国家的兴起意味着在现代化过程中政府监管活动质的改变，这个过程就是监管现代化。市场监管现代化在不同地方的进度和节奏并不一致，构建一套监管现代化的评估指标体系，有利于进行横向比较，促进后发展国家和地区的发展。从国内外来看，明确的市场现代化测量指标体系还是空白，但从相近的概念实质内涵来看，已有不少对现代监管质量和绩效进行评估的可操作化指标体系成果。我们将在借鉴这些成果的基础上，构建适合评估地方层面的市场监管现代化指数。

2.3.1 概念内涵

监管是社会科学领域一个争议较大的概念，不同的学者从不同学科和视角提出了不同的看法。根据上海师范大学马英娟教授的梳理，关于监管主体的意见从窄到宽有独立的监管机构、政府行政部门、政府（包括立法机关、行政机关、司法机关和国际组织）、政府与非政府组织及私人，关于监管范围的意见从窄到宽有公用事业产业、市场主体的经济活动（其中存在微观经济领域和宏观经济领域之争）及伴随经济活动产生的社会问题、所有私人活动及监管部门的监管活动。作为与经济调节、社会管理、公共服务并列政府职能的官方概念，市场监管的范围限定在微观层面的市场主体的经济活动及其产生的社会问题层面。[1] 我国政府提出的这一市场监管概念接近于现代监管概念的一般理解，即认为政府及其监管机构是监管的主体，监管的主要目的是弥补市场经济的自身缺陷，提高经济活动的效率，监管范围更聚焦于相对微观的具体市场领域。

从概念构成要素来看，一些研究提出了不同意见。卡罗尔·哈洛（Carol Harlow）和理查德·罗林斯（Richard Rawlings）认为，成熟的监管包含

---

[1] 马英娟. 监管的概念：国际视野与中国话语 [J]. 浙江学科，2018（4）：49-62.

三个要素：监管政策制定、政策监督与检查、政策制定与制裁❶，但这种界定同样适用于前现代阶段的监管，与现代监管的定义区别度不高。经济合作与发展组织（Organization for Economic Co‐operation and Development，OECD）认为，监管政策、监管机构和监管工具是有效监管框架的有机组成部分。其中，监管政策泛指清晰、灵活、连贯一致并以提高监管质量的政府整体性政策，包括政策目标、政策行动和实施政策的相关法规等；监管机构包括中央监管机构和独立监管机构，前者主要负责协调，确保政策的整体性，后者负责核发许可、监管执法、违规处罚，通过专业的监管服务确保监管质量；监管工具主要包括行政简化、监管影响分析（regulatory impact assessment，RIA）、透明度和沟通、监管替代方案、合规与执行及行政问责六项。❷ 这一概念框架建立在对现代监管活动系统总结的基础上，达成较广泛的共识。

2.3.2 相关监管质量和绩效指标体系成果

从国内外看，具有较强影响的是一些国际组织提出的与市场监管现代化相关的衡量监管绩效的指标体系，主要有世界银行的营商环境指标体系和世界治理指标体系、英国海外发展组织的治理指标体系及经济合作与发展组织的监管质量指标体系。

世界银行每年发布的《营商环境报告》通过构建11个可量化的评价指标对190个经济体的商业监管环境进行评价（见表2.1），指标的构建基于众多学者和有关机构关于商业监管对经济结果影响的研究，这11个指标设置涵盖了一个企业从设立到清算的全生命周期，衡量其在不同发展阶段监管制度对其造成的时间与成本。《营商环境报告》各分项指标采取简单平均与前沿距离（Distance to Frontier）分数的方式计算得分，前沿距离分用来衡量某个经济体与最佳实践的相对位置。为了更好地反映衡量标准的理念，世界银行在2019年报告中将"前沿距离分数"改称为"营商环境便利度分

---

❶ 哈洛，罗林斯. 法律与行政 [M]. 杨伟东，等，译. 北京：商务印书馆，2004：557.

❷ OECD. Recommendation of the council of the OECD on improving the quality of government regulation[R]. Paris：OECD/GD，1995：46.

数"（ease of doing business score），具体计算过程未作改变。指标收集的数据主要是对所覆盖经济体的私人部门从业人员与政府官员的问卷调查、电话会议、书面函件和团队访问的结果，其中2019年的报告就征集了13800名专业人士的意见。❶营商环境评价指标测量数据客观易得，测量方法相对简单，因而得到较多推广应用。国内一些机构，如国家发展和改革委员会、粤港澳大湾区研究院、普华永道会计师事务所与财新智库等，应用这一指标体系对我国一些城市的营商环境进行了评价测量。❷

表 2.1 世界银行《营商环境报告》的指标设置

一级指标	二级指标	测量内容
开办一个企业	手续（数量）	设立有限责任公司的程序、时间、成本和实收最低资本
	时间（天数）	
	成本（人均收入百分比）	
	最低实缴资本（人均收入百分比）	
办理施工许可	手续（数量）	在办理施工许可时完成经营设施建设、质量控制和安全机制的所有手续的程序、时间和成本
	时间（天数）	
	成本（仓库价值百分比）	
	建筑质量控制指数（0~15）	
获得电力	手续（数量）	连接到电网的程序、时间和成本，电力供应的可靠性及电价的透明度
	时间（天数）	
	成本（人均收入百分比）	
	供电可靠性和电费透明度指数（0~8）	
登记财产	手续（数量）	转让财产的程序、时间和费用及土地管理制度的质量
	时间（天数）	
	成本（仓库价值百分比）	
	土地管理质量指数（0~30）	
获得信贷	合法权利力度指数（0~12）	动产抵押法律和信用信息系统
	信贷信息深度指数（0~8）	

❶ The World Bank. Doing business 2019[EB/OL]. (2020-01-20)[2021-10-30]. http://www.doingbusiness.org/content/dam/doingBusiness/media/Annual-Reports/English/DB19-Chapters/DB19-About-Doing-Business.pdf.

❷ 李东霖. 营商环境评价分析与借鉴[J]. 三江论坛, 2019(3): 42-48.

续表

一级指标	二级指标	测量内容
保护少数投资者	披露程度指数（0~10） 董事责任程度指数（0~10） 股东诉讼便利度指数（0~10） 股东权利指数（0~10） 所有权和管理控制指数（0~10） 公司透明度指数（0~10）	少数股东在关联方交易和公司治理中的权利
纳税	纳税次数（每年） 时间（小时数/年） 总税收和缴费率（占利润百分比） 报税后流程指数（0~100）	公司应遵守所有的税务规定及报税后的程序，包括付款、时间、总税项及供款率
跨境贸易	出口时间（小时） 出口成本（美元） 进口时间（小时） 进口成本（美元）	出口具有比较优势产品或进口零部件产品的时间和成本
执行合同	时间（天数） 成本（索赔额百分比） 司法程序质量指数（0~18）	解决商业纠纷的时间和成本及司法程序的质量
破产	时间（年数） 成本（资产价值百分比） 回收率（百分比） 破产框架力度指数（0~16）	商业破产的时间、成本、结果和回收率及破产法律框架的强度
劳动力市场监管 （不作排名，单独报告）	就业 裁员成本 工作质量 劳动法规改革	在就业管理和工作质量方面的灵活性

资料来源：The World Bank. Doing business 2019[EB/OL]. (2020-01-20)[2021-10-30]. http://www.doingbusiness.org/content/dam/doingBusiness/media/Annual-Reports/English/DB19-Chapters/DB19-About-Doing-Business.pdf.

世界银行于1996年创设了"世界治理指标"（the worldwide governance indicators, WGI）对某一国家的治理水平进行评价，最初两年发布一次，2003年以后每年进行更新，目前已涵盖全球200多个国家和地区。这一综合指标具体包括六项指标：话语权和问责（voice and accountability）、政治稳定性和无暴乱（political stability and absence of violence/terrorism）、政府有效性（government effectiveness）、监管质量（regulatory quality）、法治程度

(rule of law)、廉政建设（control of corruption）。其中，监管质量指标主要是衡量政府监管在促进私人部门发展方面的能力。世界治理指标的原始数据并非基于自身调研，而是来源于33个智库和国际组织所建立的35个数据库，在指数聚合时通常需要进行多次标准化处理，可能造成数据失真，同时分指标的数据来源不均（监管质量的数据来源见表2.2），如2015年的分指标来源多的达到15个，少的只有1个，因而估计值的标准差大小相距甚远，严重影响其可信度。❶

表2.2　世界治理指标体系中"监管质量"指标的数据来源及其衡量概念

代表性数据来源	衡量的概念	非代表性数据来源	衡量的概念
经济学人智库风险与民主指数	不公平竞争行为	非洲开发银行国别政策和制度评估	贸易政策
	物价控制		区域一体化
	歧视性关税		商业监管环境
	过度保护	亚洲开发银行国别政策和制度评估	贸易政策
	歧视性税收		商业监管环境
世界经济论坛全球竞争力报告	政府监管的负担	商业环境调查	劳动法规对你业务增长带来多大不确定性
	税收的范围和效果		税收法规对你业务增长带来多大不确定性
	贸易壁垒的普遍性		海关和贸易法规对你业务增长带来多大不确定性
	本地竞争的激烈程度	贝塔斯曼转型指数	市场和竞争的组织
	创业便利度	农发基金农村部门绩效评估	为农村金融服务发展创造有利条件
	反垄断政策的有效性		农村投资环境
	环境法规的严格程度		农业投资和产品市场准入
经济自由基金会	投资自由	世界银行国别政策和制度评估	商业监管环境
	财务自由		贸易政策

---

❶ 谢宜泽. 国际比较指标的统计口径与适用范围——以PPP、WGI、CPI为例[J]. 当代经济科学, 2018 (4)：29-38.

续表

代表性数据来源	衡量的概念	非代表性数据来源	衡量的概念
制度概况数据库	当地法规监管下创业容易吗？	管理和发展研究所世界竞争力年鉴	保护主义不会损害你的商业行为
	为外国公司设立子公司容易吗？		竞争立法在防止不正当竞争方面是有效的
	管制价格的份额		资本市场很容易进入
	国家是否对商品价格（即食品和其他必需品，不包括石油）给予补贴		得到监管支持的营商的便利性
	国家是否补贴加油站油价		海关当局便利货物过境
	新竞争者进入商品和服务市场的壁垒，与政府行政相关		法律和监管框架鼓励企业竞争
	新竞争者进入商品和服务市场的壁垒，与已建立的竞争对手实践相关		外国投资者可以自由收购国内公司的控制权
	市场部门（不包括金融业）的竞争监管效率		公共部门合同对外国投标者充分开放
政治风险服务的国家风险指南	投资概况		个人所得税不会阻碍人们工作或追求进步
全球洞察商业环境和风险指标	监管负担。由于监管环境变化，商业运作变得更加昂贵的风险		公司税不会抑制创新活动
	税收不一致。税收不一致反映了不遵守与政治目的不相称或受到操纵的税法将被处以罚款的风险		金融和银行监管是充分的
—	—		劳动法规不妨碍企业活动
—	—		补贴不会扭曲公平竞争和经济发展
—	—	世界正义工程法治指数	监管执法

资料来源：The World Bank. Worldwide governance indicators[EB/OL].(2020-02-16)[2021-11-28]. http://info.worldbank.org/governance/wgi/Home/Documents.

经济合作与发展组织在20世纪90年代一个监管改革项目中提出监管质量的概念，并发展出一套监管质量概念框架与评价体系。经济合作与发展组织在1995年通过的《改善政府监管质量的建议》中提出前述构成监管概念的三要素：监管政策、监管机构和监管工具，在1997年发布的《监管改革的政策建议》中提出了良好监管的七项准则❶，并在2005年的《监管质量与绩效的指导原则》中进行了修订完善。❷ 为了了解和评估成员国在多大程度上推行了这些监管改革建议，经济合作与发展组织理事会在1995年提出建议之初，就要求经济合作与发展组织公共管理委员会"在三年内提出一份报告，说明成员国通过将建议中所载明的原则纳入行政管理制度以提高政府监管质量的效果"。❸ 公共管理委员会从1996年开始着手并于1998年设计出初步的指标评估体系用于对成员国进行问卷评估，由于在评估实践中该问卷没有很好地处理各成员国的监管实践差异问题，成员国代表对问卷所测量的内容范畴和数据得分意见分歧较大，经济合作与发展组织根据成员国的意见和新的《监管质量与绩效的指导原则》对问卷指标体系进行了修订，并在2005年提出了相对成熟的方案，问卷共设计22个问题，对应17个政策领域，问题所要评估的指标被赋予了不同权重，具体指标体系见表2.3。

表2.3 OECD监管质量评价体系

监管质量与绩效的主要准则	一级指标	二级指标
在政治上通过广泛的监管改革方案，确定明确的目标和执行框架： ①确立"良好监管"原则，引导改革； ②在政府内部建立有效和可信的协调机制，促进主要政策目标的一致性； ③确保有足够的体制框架和资源，并有适当的制度有效地管理监管资源； ④加强监管质量，合理配备监管人员，定期培训； ⑤鼓励各级政府实施更好的监管； ⑥有效利用事后评价	监管政策	明确的监管政策
		监管政策和其他政策领域相关联
		绩效指标、定性问题
	监管机构	监管质量技能培训
		中央监管机构（行政与政治）
		议会对监管政策的监督
		司法机构在监管政策方面的作用
		政府之间监管政策协调

---

❶ OECD. Policy recommendation on regulation reform[R]. Paris:OECD Publishing,1997:33-45.

❷ OECD. Guiding principles for regulation quality and performance [R]. Paris: OECD Publishing,2005:38-44.

❸ OECD. Indicators of regulation management systems [R]. Paris:OECD Publishing,2007:1-10.

第 2 章 监管绩效：市场监管现代化理论及其指数构建

续表

监管质量与绩效的主要准则	一级指标	二级指标
系统地审查监管制度，以确保它们继续有效地达到预期目标： ①根据良好监管的原则来检讨现行监管；有自动审查程序对行将过时的监管规定进行更新； ②使用基于绩效评估的监管工具或制度； ③在适当情况下，考虑可替代监管方法； ④将监管影响分析纳入重大法规的制定、审查和修订； ⑤尽量减少整体监管负担；衡量总负担	监管工具	门槛测试
		政策工具的选择
		使用监管影响分析
		营业执照与许可
		降低行政负担
		控制总监管负担
		监管检讨及评估
		遵守与执行
确保监管规定、负责执行的监管机构和监管过程透明、非歧视及有效： ①在制定或审查法规过程中，尽早与所有受到重大影响和可能有意见的群体进行磋商，无论是国内的还是国外的； ②在公共注册中心不断更新有关监管规定和业务手续，或使用其他手段确保国内外企业能够容易地了解适用于它们的所有要求； ③确保适用监管的行政程序透明、无歧视、包含上诉程序等	监管过程	提前规划监管活动
		使用公众咨询
		监管交流
		规则制定程序

资料来源：OECD. Indicators of regulation management systems[R]. Paris：OECD Publishing,2007：15.

此外，英国海外发展组织（The Overseas Development Institute，ODI）在界定治理概念内涵基础上提出了对某个政体治理状况进行评价的指标体系，其中包含监管评价的内容。英国海外发展组织认为，治理是对规制公共领域的规则之形成与管理过程，所谓公共领域则是政府、经济和社会的行动者进行互动并做出决策的空间，治理涉及公共社会、政治、政府、官僚组织、经济社会和司法六个领域。英国海外发展组织基于治理理论文献和世界人权宣言提出了普遍适用于自由民主政体和其他类型政体的六项准则，即参与、公平、得体、责任、透明和效能，具体提出36项指标对某一政体的六个公共领域进行评估（见表2.4）❶，其中，官僚组织和经济社会两个领域与市场监管高度相关，其指标具有较大的参考意义。

表2.4　英国海外发展组织关于治理评估与市场监管相关的评估指标

领域	准则					
	参与	公平	得体	责任	透明	效能
官僚机构	高级公务员参与决策	公平地享有公共服务	监管者尊重公民	监管者对行为负责	明确的决策过程	人才培养基于功绩
经济社会	与私人部门进行磋商	监管平等适用所有企业	政府尊重财产权	监管私人部门基于公共利益	制定经济政策的过程透明	无需通过贪腐方式获取执照

资料来源：ODI. Making sense of governance：the need for involving local stakeholders［EB/OL］. (2003-01-01)［2019-02-01］. https：//www. odi. org/sites/odi. org. uk/files/odi-assets/projects-documents/241. pdf.

2.3.3　市场监管现代化的指数构建

市场监管是国家治理体系的重要内容，市场监管现代化与国家治理体系现代化的评价标准本质上是一致的，因此，学者提出的关于国家治理体系现代化的评价标准可以用来评价市场监管现代化。除了上述英国海外发展组织的六个标准外，关于国家治理体系现代化的评价标准的代表性观点还有：俞可平提出衡量一个国家的治理体系是否现代化至少有五个标准：一是公共权力运行的制度化和规范化，二是民主，三是法治，四是效率，五是协调❷；何增科则认为有四个标准：民主化、法治化、文明化和科学化❸；经济合作与发展组织提出一个现代的良好治理具备六个基本因素：负责任、透明、效率/效能、回应性、前瞻考虑、法治。❹ 这些代表性观点具

---

❶　ODI. Making sense of governance：the need for involving local stakeholders［EB/OL］. (2003-01-01)［2019-02-01］. https：//www. odi. org/sites/odi. org. uk/files/odi-assets/projects-documents/241. pdf.

❷　俞可平. 衡量国家治理体系现代化的基本标准［N］. 南京日报，2013-12-10 (A07).

❸　何增科. 理解国家治理及其现代化［J］. 马克思主义与现实，2014 (1)：11-15.

❹　OECD. Indicators of regulation management systems［R］. Paris：OECD Publishing，2007：60.

有较强的一致性,只是表述略有不同,如俞可平的效率和协调标准可以归并入何增科的科学化标准,经济合作与发展组织和英国海外发展组织的参与、回应性标准与俞可平、何增科的民主标准是一致的。综合这些观点,笔者认为可以用法治、公平、参与、责任、高效、透明、协调七个标准对市场监管现代化进行评价。至于具体的评价维度可以借鉴经济合作与发展组织关于监管框架体系的观点,其中监管工具是监管过程中使用的一些方法和手段,实际的评价维度主要针对监管过程。因此,可以用法治、公平、参与、责任、高效、透明、协调七个标准从监管政策、监管机构和监管过程三个维度分别进行评价,从而构建一套适用于评价地方政府和具体城市的市场监管现代化指标体系。

2.3.3.1 监管政策

(1)法治。地方政府的市场监管决策应纳入法治化轨道。虽然在全国性的统一的监管政策方面,地方立法的空间很小,但在"放管服"的背景下上级政府下放了越来越多行政审批职能,一些具体行政审批事项交由地方政府负责。同时,地方政府在创设事中、事后监管政策方面也承担着重要责任。在行使这些监管职能时,地方政府会创设一些新的监管政策或手段,这些活动需要依据行政许可法、行政处罚法、行政强制法、反垄断法等法律法规进行,在实践中不少地方政府囿于传统思维和方式不能很好地处理监管的有效性和手段的合法性之间的关系,制定地方监管政策时出现一些与现行法律法规冲突的情形。

(2)公平。监管政策的设定应以公平为依归,尽可能地给市场主体创造公平竞争的环境,因此,在制定监管政策时应充分尊重政府与市场的各自界限,尽可能地避免对市场进行直接的干预,特别是对一些新兴行业和领域,应尽可能降低市场准入门槛,给所有市场主体以均等化的竞争机会。如确实有必要制定监管政策,应尽可能选择经济、信息、合作等非行政性手段[1]和行政指导、行政协议等柔性化手段。

(3)参与。为减少监管者与公众之间的信息不对称,在制定监管政策

---

[1] 张秉福. 论社会性管制政策工具的选用与创新 [J]. 华南农业大学学报(社会科学版),2010(2):74-80.

时，应通过听证会、咨询会等方式邀请相关利益主体参与决策过程，向公众公开决策的依据及相关信息，征求利益主体的意见和建议。在监管政策执行过程中，也应征求公众的意见，定期评估并审查监管政策的有效性和科学性，以决定是否进行修订或完善。

（4）责任。政府出台的监管政策应科学地划分地方政府、地方监管机构与企业的责任，明晰各自的职责界限。

（5）高效。监管政策在客观上会为市场主体增加时间、金钱成本，现代化的市场监管政策应以效率或效能为导向，在设定许可、规范等文件时应以最低限度为目标，尽可能地降低市场主体的成本，营造高效的营商环境。鉴于已有营商环境指数在此方面进行了测量评价，可以将其测量数据进行标准化处理作为本项指标得分。

（6）透明。监管政策透明度越高，越能提高其公信力。监管者应当在行政大厅、官方网站等公共空间充分披露监管规则，以便被监管对象充分了解规则，明白自己可以做什么、不可以做什么。

（7）协调。不同的监管政策必须协调一致，应尽力避免相互冲突与矛盾的情况。在实际监管工作中，不同监管部门之间往往存在职能交叉、重叠的情形，容易发生政出多门、标准不一的情况。

2.3.3.2 监管机构

（1）法治。监管机构及其工作人员应当牢固树立法治思维和法治理念，定期开展法制培训，实施法律顾问和公职律师制度。

（2）公平。监管机构及其工作人员是平等的社会一员，在其进行必要的民事活动时，享有与社会公众平等的权利，并不拥有特权。

（3）参与。监管机构参与政治决策是现代政治的通行做法，但这种参与应保持一定的限度，否则由监管机构主导决策，特别是立法过程，其出于部门利益的考量，一种自然的推论就是赋予审批权和处罚权、强化管理的立法项目更容易推进，而且如果管理需要打破既有模式或利益格局，推动起来难度就大。❶

（4）责任。现代的监管机构具有相对独立性，能够对公共利益负责，

---

❶ 周东旭. 行政主导立法的弊端［J］. 领导文萃，2016（10）：29-33.

避免受到过多政治影响，或被监管对象俘获。在地方层面，监管机构的独立性主要表现为免于地方保护主义的影响。

（5）高效。监管机构高效的基础在于基于不同领域的专业分工和专业化知识，监管者通常是这一领域的专家，接受持续的知识培训和业务训练。

（6）透明。监管机构的职能、办事程序、责任分工及其联系方式等信息应向社会公开，接受公众的监督。

（7）协调。现代化的政府体系是一个分工合作的有机整体，不同监管机构监管的职能、事权划分应该彼此协调。一是横向不同监管机构之间、监管机构与其他部门之间的责权利划分要协调，二是纵向不同层级的监管事权划分应当协调。

2.3.3.3 监管过程

（1）法治。在地方层面，监管过程更多地体现在执法过程中，执法过程应该合乎法治的要求。首先，执法主体应当合法，具备法律授权，对监管事项具有法定管辖权；其次，应遵循法定程序，不得有程序瑕疵；再者，行政处罚等影响行政相对人权益的行为应当有明确的法律依据，属于自由裁量范围的应当合乎法律目的。

（2）公平。激发市场活力和公正监管相辅相成，没有公正的监管，就没有市场公平竞争，就可能出现劣币驱逐良币，并容易滋生寻租空间，也不利于发挥市场作用倒逼企业创新和提质。❶ 公平监管的关键在于建立健全规范化的监管执法机制，真正做到对市场主体一视同仁，防止权力寻租。保障公平的制度主要有权力清单制度、信用监管制度、随机抽查执法制度等。

（3）参与。市场监管是市场失灵、政府失灵和社会失灵的高发领域，西方市场监管的一条成功经验是让社会力量参与进来，充分发挥作用❷，如行业组织的自律作用，消费者组织、媒体和公众的监督作用等。

---

❶ 邱丽芳. 李克强：加强公正监管营造公平竞争市场环境［EB/OL］.（2018-09-13）［2019-01-18］. http：//www.xinhuanet.com/politics/leaders/2018-09/13/c_1123426743. htm.

❷ 蓝志勇. "公共失灵论"替代"市场失灵论"——市场监管理论的国外借鉴与创新［J］. 中国工商管理研究，2015（12）：9-12.

（4）责任。市场监管是监管者承担的公共责任，监管者应当切实履行好监管责任，在发生事故时应当对其进行问责。但是，不良事件的发生有复杂的社会机制原因，某种程度上是不可避免的。因此，应当划清失职与尽职的界限，建立尽职免责的制度，以保护监管者的工作积极性。

（5）高效。高效地实施监管有赖于方式方法的创新，在当前信息化条件下，依靠传统的高强度人力投入监管已不能适应市场发展的需要，应当采取大数据等方式实现智慧监管。

（6）透明。监管过程透明是增强消费者信心的关键，除了涉及国家机密、商业秘密和个人隐私的信息外，监管执法信息都应及时向社会公开。一些重要的执法过程要全程公开，如在实施"双随机、一公开"监管中，应将抽查事项、抽查计划、抽查结果等信息及时、准确、规范地向社会公开。

（7）协调。在监管过程中，不同的监管机构之间的协调十分必要，需要建立必要的协调联动机制，如监管数据库的互联共享、联络员制度等。

综上所述，本书基于市场监管的3个维度和7个现代化标准，构建了适用于评价不同地方或城市的市场监管现代化指标体系，共包含3个一级指标、21个二级指标（见表2.5）。

表2.5 市场监管现代化的指标体系

一级指标	二级指标	测量标准
监管政策	监管决策法治化	能否依法创设监管事项，制定的监管政策是否与上位法冲突
	维护公平的监管政策	监管政策是增加还是减少了市场公平竞争，给予市场主体均等化的机会的程度
	公众参与监管政策的制定与评价	公众是否参与监管政策的制定与评价，参与的程度如何
	监管政策的责任划分	监管政策在划分政府、监管机构、企业、公众的责任方面是否科学、清晰
	高效的监管政策	监管政策是否利于市场主体减少成本、提高效率
	透明的监管政策	监管政策信息是否透明，程度如何
	协调的监管政策	不同的监管政策之间是否协调一致

续表

一级指标	二级指标	测量标准
监管机构	多样化的法治建设	是否采取提升机构人员法治能力的措施
	平等的社会地位	监管人员是否享有高于公众的特权
	有限度地参与政治决策	参与政治决策能否避免部门利益束缚
	相对独立性	能否避免地方保护主义影响
	职业化监管能力	是否建立专业能力培养机制
	监管机构透明度	是否充分公开部门信息
	监管机构职权划分协调	不同监管机构的职权划分是否科学协调
监管过程	监管实施的合法性	能否按照法定的要求实施监管
	公正监管	对监管对象能否一视同仁
	社会共治	社会力量参与市场监管的程度如何
	科学的责任制度	是否建立问责与尽职免责等制度
	监管实施的效率	是否采取了信息化、智能化等高效的监管手段
	监管实施的透明度	监管执法信息公开的充分性
	监管实施的协调性	监管机构之间是否建立协调机制

第 3 章　监管形势：我国食品药品安全监管改革的进展与展望

监管改革是指实施监管的机构、体制、机制、法律法规依据、方式等方面发生较大的变化。近些年，伴随着国家治理现代化，食品药品监管领域的改革一直在进行。整体来看，食品药品安全监管改革呈现系统推进、不断深化、全面转型的特征。一方面，随着多份明确相关监管责任、调整监管事权划分等事项的规范性文件出台，食品药品监管体制改革的系统性、整体性、规范性得以增强；另一方面，在"放管服"改革、转变市场监管方式等大背景下，食品药品监管工作延续了近年来的改革创新态势，审评审批、监管方式转型等工作开始全面提速。

3.1　我国食品药品安全监管改革的主要进展

3.1.1　食品药品"放管服"改革不断推进

市场监管是政府职能的重要内容，市场监管改革也是政府职能改革的组成部分，并总是与政府职能转变的总体思路相一致。在全国深化"放管服"改革、优化营商环境的背景下，食品药品监管领域的"放管服"改革也在积极推进，改革促进了监管方式的改进，降低了制度性交易成本，提升了监管效能。近年来，国家市场监督管理总局（以下简称"国家市场监管总局"）和国家药品监督管理局（以下简称"国家药监局"）继续取消和下放了一批食品药品行政许可事项，全面清理食品药品监管领域各类证明事项，涉及食品药品生产许可、保健食品延续注册与变更等多种事项。其中，仅2019年，国家药监局就分三次公告共计取消120项药品监管（包括医疗器械、化妆品）证明事项。

在食品领域，普通食品生产经营许可改革、特殊食品的注册备案改革均取得进展。根据国家市场监管总局2018年11月印发的《关于加快推进食品经营许可改革工作的通知》，各地不断推进食品经营许可改革，包括优化食品经营许可条件、简化许可流程、缩短许可时限、加快推行电子化审批。2019年5月，国家市场监管总局组织修订了《食品生产许可管理办法》向社会公开征求意见，包括实行部分食品生产许可告知承诺、调整食品生产许可申请材料、压缩食品生产许可时限、推进食品生产许可信息化等内容。2021年6月，国家市场监管总局印发《关于充分发挥职能作用落实深化"证照分离"改革任务的通知》，在自贸试验区对低风险食品试点取消审批，实现告知承诺制。此外，各地积极试行食品经营许可和营业执照"证照合一"许可登记制度，推行电子化审批，努力实现群众办事"最多跑一次"。特殊食品审评审批改革加快，深化注册备案改革，放宽准入门槛，推进注册备案双轨制，推进备案制改革，仅2019年新批准保健食品注册申请即达343件，发放保健食品备案凭证2121个，保健食品简易变更由60个工作日压缩至30个工作日以内。❶

在药品领域，从2015年开始，中央相继印发了《关于改革药品医疗器械审评审批制度的意见》《关于深化审评审批制度改革鼓励药品医疗器械创新的意见》等文件，推进药品、医疗器械审评审批制度改革，加快创新药、临床急需药品审批改革，简化上市审评程序和要求，同时做好药品注册审评检查与检验各环节衔接，提高药品评审工作效率和注册时间的可预期性。2019年，国家药监局先后发布了《关于进一步完善药品关联审评审批和监管工作有关事宜的公告》《关于实施医疗器械注册电子化申报的公告》等文件，进一步加快药品医疗器械审评审批。全年新批准药品上市注册申请462件、医疗器械1506件，医疗器械注册人制度试点扩大至21个省份。❷

---

❶ 闫志刚，边晓慧. 2019年我国食品药品安全监管改革进展与展望［M］//龚维斌，赵秋雁. 中国社会体制改革报告. 北京：社会科学文献出版社，2020：282-294.

❷ 邱玥，等. 2019年，我们收获的那些民生红利［N］. 光明日报，2020-01-02 (11).

3.1.2 食品药品监管体制与执法改革不断深化

在食品药品监管体制改革中，横向的不同监管部门的职能划分和纵向的监管事权划分历来是改革的核心内容。我国 2013 年开始实行大部制改革，仅中央层面将食品药品生产流通等领域的监管职能整合成立了国家食品药品监督管理总局，地方实践中出现了与中央对口的专业模式和"多合一"的综合模式的情况；2018 年"多合一"的大市场监管模式最终被新一轮机构改革确认，通过整合包括食品监管职能在内的多种市场监管职能成立国家市场监管总局，对食品监管实行分级属地管理；考虑到药品监管的专业性，成立国家药监局，作为市场监管总局的二级局，地方药品监管机构只设立到省级层面，药品经营监管由地方市场监管统一承担。此模式抓住了当前食药安全治理的两大关键：食品安全监管的协调力和综合性、药品监管的特殊性和专业性。总体上，在市县普遍采取市场监管综合执法的前提下，用"小折腾"获取"大红利"的方案，一定程度上有利于监管统一性。❶

在"多合一"大市场监管的总体思路下，2018 年的食品药品监管体制改革主要在国家和省级层面得到推行，国家市场监管总局、国家药监局和各省级市场监管局、药品监管局相继挂牌成立。2019 年，食品监管体制改革主要在地方层面加速推进。截至 2019 年年底，全国省市县市场监管机构基本组建到位，绝大多数地方在乡镇设置派出机构市场监管所，地方食品安全监管由这些机构负责执行。在食品监管事权划分方面，国家市场监管总局成立五个司分别承担生产、流通、抽检、特殊食品监管、综合协调职能，综合执法和稽查办案职能由执法稽查局的一个处室负责；省级层面聚焦于区域统筹协调和监督指导职能，重点做好生产企业的监管，原则上不设执法队伍，法律法规明确要求省局承担的执法职责由其内设机构以市场监管部门名义对外实施；市县层面重点做好流通企业的监管，主要负责日常监管和执法活动。

在药品监管方面，目前全国省级药监部门均已设立，除新疆生产建设兵团在市场监管局加挂药品监管局外，其余 31 个省（区、市）为单独设立，药监部门主要领导大都兼任市场监管局党组成员、党组副书记或副局

---

❶ 胡颖廉. 中国食品安全监管体制演进 [N]. 第一财经日报，2018-08-14（A11）.

长。虽然中央要求药监部门设到省一级，但约有一半省级药监部门通过检查分局、监管办公室、稽查办公室等形式设立直属派出机构，或者在省直属事业单位下设派出机构（如江西），在市县市场局加挂药监机构牌子（如浙江）等。在药品监管事权划分方面，国家局主要负责业务指导、药品（包括药品、医疗器械和化妆品）研发和临床阶段的监管、境外检查及产品审批等职能，省局主要负责药品生产企业和较大流通企业（如药品批发企业、零售连锁总部、互联网销售第三方平台）的监管，市县市场局主要负责较小流通企业的监管。❶

3.1.3 食品药品监管的重点领域监管得以强化

新一轮食品药品监管体制改革虽然对食品药品监管工作产生一定影响，如一些监管力量分流到别的部门，但整体上仍比较平稳，特别是在国家和省级层面，机构整合中监管队伍保持了相对的稳定性，有的内设机构甚至加大了监管力量，如总局和一些省局都设立了专门的食品协调机构，因而食品药品监管工作得以稳步推进，重点领域的监管不断强化。

首先，进一步强化食品安全监管。2019年5月，中共中央、国务院印发的《关于深化改革加强食品安全工作的意见》，要求深刻认识食品安全面临的形势，深化改革创新，按照"四个最严"要求，进一步加强食品安全工作，确保人民群众"舌尖上的安全"。2019年9月，由中央纪律检查委员会、国家监察委员会联合国家市场监管总局等14个部委开展整治食品安全问题联合行动，聚焦人民群众关注的校园食品安全、农产品质量安全、非法添加、假冒伪劣等突出问题进行专项整治，保证取得"可检验、可评判、可感知"的成果。针对保健市场存在的问题，2019年1月至4月，国家市场监管总局联合公安部等13个部委开展"百日行动"，对保健市场的重点领域和重点违法行为进行专项执法行动；2019年5月至12月，国家市场监管总局又组织开展了保健食品"五进"宣传活动，紧紧围绕"保健食品不能替代药物"的核心理念，强调保健食品与普通食品、药品的区别。为加强学校食品安全监管，2019年，教育部、国家市场监管总局、国家卫生健

---

❶ 昨天，国家药监局三定方案出台！市县级局负责药品经营的监督和查处[EB/OL].（2018-09-11）[2020-04-16]. https://www.sohu.com/a/253215148_100258670.

康委员会出台了《学校食品安全与营养健康管理规定》，开展了校园食品安全风险防控行动，提高了学校、幼儿园食堂的安全水平。据统计，2019年全国共查处食品违法违规案件24.6万余件，责令停产停业2604户，公安机关抓获犯罪嫌疑人1.7万人。❶ 2020年，中央政法委员会组织开展以肉制品、食用油、食用农产品、保健食品等为重点的多轮次集中打击食品安全违法违规行动；公安部开展"昆仑2020行动"，抓获犯罪嫌疑人2.4万人，案值121亿元。国家市场监管总局着力整治农药兽药残留超标、粮食重金属污染、非法添加、虚假宣传、制假售假等突出问题，全年共查处食品安全违法案件28.5万件，罚没款27.3亿元，移送公安机关3346件，从业资格限制7.4万人。❷ 通过一系列整治行动，近年来的食品安全整体保持了较好水平，主要食品种类抽检不合格率如图3.1所示。

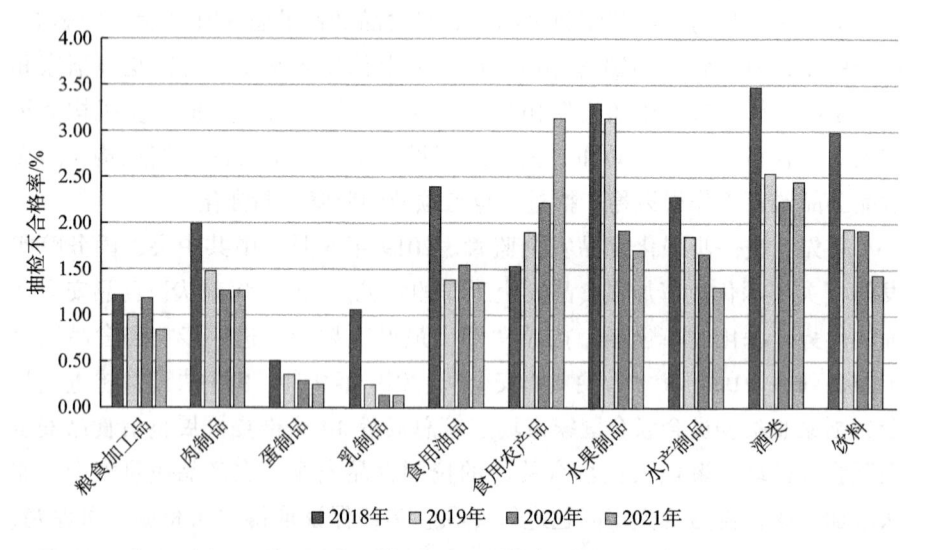

图3.1 2018—2021年我国主要食品种类抽检不合格率

数据来源：国家市场监督管理总局食品安全抽检监测司：信息发布[EB/OL]. (2021-12-15)[2022-03-11]. https://www.samr.gov.cn/spcjs/xxfb/.

---

❶ 2019年全国新设市场主体2179万户[EB/OL]. (2019-12-28)[2020-04-16]. http://www.gov.cn/shuju/2019-12/28/content_5464620.htm.

❷ 国家市场监督管理总局. 2020年全国食品安全监管工作总结[R]. 北京：国家市场监督管理总局，2020：6-7.

其次,在药品领域重点加大疫苗监管力度,推进完善疫苗监管体系。根据《关于改革和完善疫苗管理体制的意见》部署,建立疫苗管理部际联席会议制度,完善疫苗监管机制;加强疫苗质量监管,加强疫苗全流程、全生命周期管理,出台疫苗生产企业巡查规定,印发《关于向疫苗生产企业派驻检查员的指导意见》,全面提升批签发检验能力建设。此外,推进国家疫苗监管体系(national regulatory authorities,NRA)评估工作,推进建立监管工作质量管理体系,还分别开展了中药饮片专项整治、执业药师"挂证"专项整治、违法宣称非特殊用途化妆品清查专项行动,以及麻醉药品、第二类精神药品、药品类易制毒化学品、芬太尼类药品等生产经营环节专项检查,强化对高风险产品监管。

3.2 我国食品药品安全监管改革的主要特点

3.2.1 监管制度建设提速,不断提升监管的制度化、法治化水平

21世纪以来,我国食品药品监管制度改革伴随社会发展不断推进,随着新一轮机构改革,食品药品监管制度建设开始提速,一大批食品药品监管领域的规范性文件相继出台,突出了食品药品监管改革的顶层设计,完善和健全了食品药品监管的相关规定,为食品药品市场监管提供了重要的制度保障,不仅有利于规范市场监管行为,构建食品药品监管的长效机制,而且对明确监管职权、确保监管执行、追究监管责任具有积极意义。事实上,在推进依法治国,构建法治政府的总体要求下,坚持依法依规监管,运用法治思维和法治方式履行市场监管职责也是我国进一步推进市场监管现代化的必然要求。

重视食品药品领域监管制度设计,即在梳理现有监管法律法规和规章制度的基础上,加快法规制度立改废释,构建统一、科学、系统的食品药品监管制度体系,确保市场监管有章可循、有法可依。我国食品药品监管相关的制度建设取得重大进展,主要集中在以下方面:一是出台了一系列文件,对各级食品药品监管机构的职责进行划分,厘清监管事权,明确监

管对象和范围，确保权责更加明晰。二是制定修订了一大批食品药品监管法律法规，如《中华人民共和国药品管理法》《中华人民共和国疫苗管理法》《中华人民共和国食品安全法实施条例》等，推动了监管工作的制度化、规范化。此外，修订的《药品注册管理办法》《药品生产监督管理办法》《药品经营监督管理办法》《药品抽样原则及程序》《生物制品批签发管理办法》《非特殊用途化妆品备案管理办法》《化妆品境外检查暂行管理规定》等多次向社会公开征求意见，《医疗器械监督管理条例》《药品网络销售监督管理办法》等法规也都在紧张地制定修订中。

我国历来重视食品药品市场监管的制度建设，相关法律法规体系逐步完善，但是监管法律法规不健全仍然是制约食品药品监管的重要症结。与此同时，伴随着复杂的食品药品市场形势发展变化，出现一系列监管新问题、新挑战，人民群众对监管也有新的要求和期盼，一系列监管改革经验也亟须通过法律法规等形式确定下来，这都要求重视和加强监管制度设计及法律规范修订。

3.2.2 重视监管执法体制改革，推进监管综合行政执法水平与绩效

监管执法是将监管制度优势转化为治理效能的必要环节，重视监管执法改革、深化综合执法成为进一步完善大市场监管的必然要求，也是预防大市场监管弊端的关键。[1] 2018年11月26日，中共中央办公厅、国务院办公厅联合印发的《关于深化市场监管综合行政执法改革的指导意见》，成为我国深入推进监管综合执法改革，建立统一、权威、高效的市场监管执法体制的指导性文件。遵循"大市场监管""综合执法"等市场监管改革的整体逻辑，市场监管综合执法改革将通过整合市场监管职能、加强执法队伍建设，着力解决我国市场监管体制不完善、权责不清晰、能力不适应、多头重复执法与执法不到位并存等问题。

2019年，食品药品领域监管的综合执法改革也不断推进，呈现出以下特点：一是监管执法重心下移。食品药品监管综合执法体制改革突出了基层导向，不断加强基层标准化、规范化建设，推动人财物向基层倾斜。在

---

[1] 薛澜，李希盛. 深化监管机构改革，推进市场监管现代化——以杭州市为例[J]. 中国行政管理，2019（8）：21-29.

事权划分上,一些食品药品监管事权层层下放,行政执法职能主要定位于市县级市场监管部门,特别是对食品药品流通企业的监管执法职能。2019年,食品药品监管体制改革主要在市县级层面得到推行,在中央明确了综合执法改革方向与要求时进一步推进人财物向基层倾斜,规范了地方综合执法改革。此外,国家市场监管总局于2019年7月8日制定《市场监督管理所条例》面向社会公开征求意见,对进一步促进市场监管所规范化、法治化建设,加强辖区内的食品、药品监管具有重要意义。二是打造高素质专业化执法队伍。在大市场监管改革下,按照减少层次、整合队伍、提高效率的原则,各地逐步整合了市场监管执法队伍,并致力于适应市场监管综合执法专业性、技术性要求的职业化监管执法队伍建设,严把人员进口关,加强人员能力培训,实行持证上岗和资格管理等。其中,对于药品监管的执法凸显其"专业性",国务院在2019年7月印发了《关于建立职业化专业化药品检查员队伍的意见》,提出建立职业化、专业化药品检查员队伍,不断完善药品监管体制机制。三是建立健全协同高效的综合执法工作机制,实现统一指挥、横向协作、纵向联动。综合执法有多方面的含义,既有集中进行,也有多部门联合进行❶,因此构建综合执法工作机制尤为必要,具体包括建立专项业务综合协调机制,加强业务条线的横向协同和综合统筹;建立重大案件的联动执法、联合惩戒机制,发挥大市场、大监管的综合优势和综合效应;建立案情通报和典型案例定期发布机制;建立行政执法与刑事司法衔接的有效工作机制等。

3.2.3 监管方式全面转型,从事前监管向更加重视事中事后监管转型

随着我国"放管服"改革的不断深化,食品药品监管也推动事前审批监管更多转向事中事后监管。国家食品药品监管机构围绕各自监管职责,进一步精简事前审批,加强事中事后监管,推动监管方式的全面转型。

长期以来,我国的市场监管以基于准入的事前监管为核心,通过建立较为完善的企业准入及产品准入标准,确保生产厂商的生产资质和能力。学者刘亚平认为,这种"发证式"监管有其优越性,但也存在很多弊端。

---

❶ 组建国家市场监督管理总局意义:市场监管进入新阶段[EB/OL].(2018-04-02)[2020-03-16]. https://news.china.com/domesticgd/10000159/20180402/32261146_1.html.

当监管对象规模大、相似度高时，标准化可以节省成本，但是当大量中小企业存在时，标准化的准入控制可能在一定程度上失效，导致大量无证经营的机会主义行为存在。❶ 与此同时，基于准入的市场监管也增加了合规企业的交易成本，增加企业负担，影响市场活力。监管体制改革就是让政府更有效地履行职能，从而使市场更有效地发挥作用，即找到政府和市场关系的均衡点。❷ 因此，与我国深化"放管服"改革的逻辑一致，在食品药品领域，推进企业准入更加宽松、产品准入更加快捷，对营造有利于激发市场主体活力的监管环境、激发市场主体活力、促进市场竞争具有积极意义。

2019年9月，国务院印发的《关于加强和规范事中事后监管的指导意见》，要求放管结合并重，把更多行政资源从事前审批转到加强事中事后监管上来，构建权责明确、公平公正、公开透明、简约高效的事中事后监管体系。与事前"发证式监管"体现的静态的政府"全能主义"监管理念不同，事中事后的监管是一种动态的"调适性监管"。❸ 从当前改革内容来看，食品药品领域的事中事后监管主要包括实施食品、药品的全生命周期管理，落实"双随机、一公开"检查抽查制度，加强食品、药品质量安全风险管理等。此外，事中事后监管还重视监管过程的公开、透明、公平，持续推进阳光监管，规范监管过程和行为。

3.2.4 监管机制持续创新，促进监管科学化水平

在社会经济高速发展阶段，我国市场监管也必须与时俱进，不断探索、持续创新市场监管机制，从而适应新的市场环境，确保市场监管的科学性和有效性。近年来，随着信息科学技术在监管领域的运用，我国食品药品监管领域的信用监管、大数据智慧监管进一步推进，显著提升了我国食品药品监管的科学化、现代化水平。

---

❶ 刘亚平，梁芳. 监管国家的中国路径：以无证查处为例 [J]. 学术研究，2018（9）：44-52.

❷ 胡颖廉. "十三五"期间的食品安全监管体系催生：解剖四类区域 [J]. 改革，2015（3）：72-81.

❸ 刘亚平，文净. 超越机构重组：走向调适性监管 [J]. 华中师范大学学报（人文社会科学版），2018（1）：10-16.

3.2.4.1 进一步完善信用监管机制

近年来，我国在市场监管领域推行信用监管，对企业信息进行公示并对失信企业进行联合惩戒，食品药品监管系统也制定下发了相关指导文件，地方也做了一些探索。2019年7月16日，国务院办公厅发布《关于加快推进社会信用体系建设构建以信用为基础的新型监管机制的指导意见》，要求以加强信用监管为着力点，创新监管理念、监管制度和监管方式，建立衔接事前、事中、事后全监管环节的新型监管机制，新型监管方式包括食品药品在内的市场监管常态，具有广覆盖、系统性的特点。目前，信用监管已开始发挥重要作用，2019年全国"一张网"归集信用信息8.2亿条、日均查询量1536.7万人次，2018年度企业年报率达到91.5%，纳入严重违法失信企业名单80.3万户。❶

3.2.4.2 加快推进大数据智慧监管

2019年，食品药品监管领域推行了一系列信息化、智能化手段。不少地方政府实施"互联网+明厨亮灶"工程，建设市场监管大数据智慧监管平台，提高餐饮业的监管效能。2019年5月21日，国家药监局印发的《国家药品监督管理局关于加快推进药品智慧监管的行动计划》，旨在加快推进药品智慧监管，构建监管"大系统、大平台、大数据"，实现监管工作与云计算、大数据、"互联网+"等信息技术的融合发展，创新监管方式，服务改革发展。❷ 2018年开始建设的药品（疫苗）信息化追溯体系也加快了进度，部分省市的疫苗追溯协同服务平台基本建成并开始试点，药品品种档案及药品信息采集平台建设取得阶段性进展。此外，国家药监局发布了化妆品监管App，8月初用户量已超80万，树立了药监部门为民服务的良好形象。❸

---

❶ 重点抓好"七个着力" 数说2019年市场监管[EB/OL].(2020-01-05)[2020-08-12]. http://www.xichu.net/sybk/fxxf/2020/01/2020-01-05449621.html.

❷ 药监局印发推进药品智慧监管行动计划[EB/OL].(2019-06-24)[2020-08-12]. http://www.gov.cn/fuwu/2019-06/24/content_5402671.htm.

❸ 国家药监局发布系列App 移动互联网助力药品监管[EB/OL].(2019-08-03)[2020-08-12]. http://www.sfdaic.org.cn/business/2019/0806/1130.html.

3.3 食品药品监管改革展望

2020年，我国全面建成小康社会，实现第一个百年奋斗目标，而食品药品安全则是小康社会的基本保障。同时，食品药品面临的新旧风险隐患交织叠加，推进监管体系和监管能力现代化，要求食品药品监管必须同步建成科学、完善的监管体系，真正能有效守护人民群众的健康。针对食品药品监管改革的重要环节，笔者认为下一步应注意处理好以下方面的关系。

3.3.1 产业发展与安全监管的关系

食品药品行业如今已是国民经济的重要组成部分，在我国监管现代化背景下和其他行业一样具有"放管服"的客观要求，需要继续在减少审批、压缩时间、提高市场准入效率上下功夫，提升产品的可及性，满足人民群众的更高需求。同时，食品药品比较特殊，其监管本质上是一种社会性监管，必须警惕和防范对民众的身体健康和生命安全造成损害的风险。因此需要平衡好二者的关系，在放松与强化之间保持平衡，确保"放"的同时"管"得住。

3.3.2 综合监管与专业监管的关系

目前，我国"大市场—专药品"的食品药品监管总体格局已经确立，作为典型的"综合吸纳专业"改革模式被认为是适合我国现阶段食品、药品产业需求的，具有促进监管资源整合、降低监管部门之间协调成本、提升监管效能等优势，但是也必须认识到综合侵蚀专业的潜在风险。比如对食品类别中的特殊食品，如保健食品、婴幼儿配方食品等，因过于追求监管统一协调和覆盖面而忽视了监管流程、监管标准等的专业性和技术深度。在食品、药品产业不断发展规范的背景下，未来综合监管中如何确保食品药品监管的专业性和相对独立性，平衡综合监管和专业监管的关系是十分关键的。

3.3.3 监管事权与监管能力的关系

本次综合执法体制改革倾向于压实基层的责任,但在实际改革中则存在伴随监管职责的下放,相应专业人员、物质经费、检测资源、执法设备并未转移到基层的情况,造成"人不随事走,物不以权分""管人的人比管事的多"等现象。另外,地方食品药品执法队伍普遍存在年龄结构偏大、专业素养偏低等问题,当前提高基层监管能力显得尤为迫切,应高度关注基层市场监管机构能力建设,推动人财物向基层倾斜,加强基层执法人员能力培训,确保基层监管机构有能力接住本次改革转移的监管事权。

3.3.4 食品药品监管部门与一般市场监管部门的关系

本次综合执法体制改革将食品药品监管部门与工商、质检等部门进行了整合,重塑了食品药品监管部门与一般市场监管部门的关系,有利于解决以前食品药品监管中职责重叠与模糊的问题。当前在新的体制下,二者之间同样存在职责不清的情形,未能实现"化学融合",如在2019年的保健市场专项整治中,有的地方由反不正当竞争机构主导,有的地方由特殊食品监管机构主导,下一步应明确各自职责,建立制度化的协调机制。

3.3.5 省级药品监管机构与省级以下市场监管机构的关系

本次综合执法体制改革,在药品监管机构设置上的一个特点是只设到省一级,打破了之前上下一般粗的"权责同构"问题,但也带来了一定的协调和执行问题。从当前实践来看,省级药品监管部门不太习惯这种没有"腿"的体制,通过多种形式设立了一些派驻机构。由于药品监管机构和市场监管机构相对独立,在药品监管中省级药品监管机构及其派驻机构与市县市场监管机构之间的协作面临问题,需要有针对性地加以解决。

第 4 章 监管体制：美国食品安全监管事权划分探析

4.1 引言

食品安全监管事权划分是食品安全监管体系运行的基础，其权责划分是否科学对监管效果具有重要影响。美国被公认为食品相对安全的国家之一，其食品安全事权划分受到我国一些学者的关注。在联邦层面横向划分上，高秦伟[1]、赵学刚[2]、于志勇[3]等分析了其以品种为划分依据、多部门分散监管的特点，认为这种划分方式存在监管标准不一致、重复执法、效率低下等问题，并介绍了美国国内相关利益群体在改革分散监管模式上的争议，如美国国家科学院（National Academy of Sciences, United States, NAS）、美国政府问责局（U.S. Government Accountability Office, GAO）等机构和部分学者建议设置单一食品安全监管机构来改善上述弊端，美国食品工业协会和一些学者则认为合并的成本高昂，对现存工作机构的士气还可能造成伤害，建议通过加强监管机构之间的协调、强化美国食品药品监督管理局（U.S. Food and Drug Administration, FDA）的权力、制定统一的食品安全

---

[1] 高秦伟. 分散抑或合并：论食品安全监管机构的设置 [M]//傅蔚冈，宋华琳. 规制研究（第1辑）. 上海：格致出版社, 2008：53-78.

[2] 赵学刚. 统一食品安全监管：国际比较与我国的选择 [J]. 中国行政管理, 2009（3）：103-107.

[3] 于志勇. 改革食品安全监管机构：美国的经验与思考 [J]. 特区经济, 2012（1）：89-91.

法律等途径来解决问题。

在联邦、州与地方❶监管纵向划分上，刘亚平❷考察了联邦政府在进步时代开始担负食品安全监管责任的历史，认为其职能变化反映了当时经济社会、意识形态等方面的变化；蒋绚❸认为其纵向划分是一种集权与分权相结合的协调监管模式，这种模式由于各级政府的协调匮乏、资金匮乏和信息匮乏造成监管不足与监管过度问题；曹正汉、周杰❹认为全国性的食品安全监管是一种高风险的公共产品。

纵观上述学者对美国食品安全事权划分的研究，呈现以下特点：一是主要关注联邦层面的事权划分，相对忽视州及地方层面的事权划分及分析，仅有的研究没有也未放在美国的制度环境中进行考察，如在前述纵向划分研究中，FDA 赋予州政府食品安全立法权的说法及将 FDA 与州政府的项目合作理解为自上而下的放权，忽略了美国联邦制的政治结构；二是在美国食品安全监管事权划分利弊分析方面，大部分研究以转述美国国内观点为主，而这些观点以直击其分散弊端为主，缺乏站在第三方立场的客观分析。笔者认为，只从表面上看到美国食品安全监管事权划分的分散弊端，不深入探究其实际运作上的整合与统一，就无法理解美国食品安全走在世界前列的现状。因此，笔者主要聚焦考察美国食品安全监管事权划分分散特点的制度原因，并研究其各方监管主体通过何种途径和方式相互调适，从而确保各自独立运用权力的过程始终处于一个更大的统一的系统之中。

4.2 分散：形式上的散乱无序

整体来看，美国食品安全监管事权划分呈现分散化和碎片化特征，联

---

❶ 从纵向上，美国政府体系可划分为三个层次：联邦，州（部落、领地）及地方（县、市、镇、特区），此处"地方"概念特指第三层面，不包含州、部落、领地。

❷ 刘亚平. 美国进步时代的管制改革：以食品安全为例 [J]. 公共行政评论，2008（2）：120-143.

❸ 蒋绚. 集权还是分权：美国食品安全监管纵向权力分配研究与启示 [J]. 华中师范大学学报（人文社会科学版），2015（1）：35-45.

❹ 曹正汉，周杰. 社会风险与地方分权：中国食品安全监管实行地方分级管理的原因 [J]. 社会学研究，2013（1）：182-205.

邦层面有十多个机构参与食品监管事务，具体机构名单及职责划分见表4.1。此外，州、地方、部落、领地拥有自己的法律和机构来保障本地的食品安全，总计有3000多个非联邦机构从事食品安全监管活动。这些机构调查和控制食源性疾病暴发，监控食品供应污染，检查饭店、杂货店及食品加工厂，采取监管措施移除市场上的不安全和不卫生食品，州和地方主要食品安全监管机构职责见表4.2、表4.3。❶

表4.1　美国联邦食品监管机构及其职责划分

	机构	职责
农业部（USDA）	食品安全与检查服务局	确保美国国内和进口的肉、禽、鲶鱼和加工蛋产品的安全、卫生，以及正确标识和包装；执行《动物人道屠宰法》及其1978年修正规定；提供对外来动物的自愿收费检查服务
	动植物健康检验局	防止植物害虫和家畜病虫害入侵和传播
	粮食检查、包装和储存管理局	制定粮食相关产品的质量标准、检查程序和市场标准
	农业市场营销服务局	制定关于乳制品、水果、蔬菜、牲畜等众多产品的质量和环境标准
	农业研究服务局	进行科学研究以确保食物供应的安全及食品符合国内外监管要求
	经济研究服务局	从事对影响美国食品供应安全的经济议题研究
	国家农业统计服务局	对农业化学品使用、食品供应安全相关的数据进行统计
	国家食物与农业研究院	支持接受赠地开办的大学及其他合作机构通过综合途径进行的旨在解决食品安全研究、教育和推广问题的食品安全项目
卫生和公众服务部（HHS）	食品药品监管局	保障肉、禽、淡水鱼和加工蛋产品之外所有食品的安全、健康、卫生及正确标识
	疾病控制与预防中心	防范食源性疾病的传播以保护公众健康

---

❶ US Government Accountability Office. Food safety：FDA coordinating with stakeholders on new rules but challenges remain and greater tribal consultation needed[R]. Washington, DC：US Government Accountability Office, 2016：3-15.

续表

机构		职责
商务部（DoC）	国家海洋渔业服务局	提供对海产品安全和质量的志愿性收费检查服务
	环保局（EPA）	对特定化学品使用进行监管，防范影响公众健康和环境的不合理风险；制定、修订、撤销对农药残留量的规定；制定饮用水的国家质量标准；在FDA颁布瓶装水质量标准过程中提供咨询
	交通运输部（DoT）	制定安全检查程序以确保食品运输卫生
财政部（USDT）	酒精、烟草税务和贸易局	监管、执行和发放酒精饮料的生产、标签和经销的许可
国土安全部（DHS）	海关和边境保护局	对包括食品、植物、活的动物在内的进口品进行检查，以确保符合美国法律要求；帮助所有联邦机构在边境执行监管规定
联邦贸易委员会		对包括食品在内的众多产品的虚假广告进行监管

注：本表不包含负责特定食品安全项目的机构，如负责校园用餐安全的农业部食品和营养服务局、负责美国军队食品安全事务和食品技术、质量保障政策的美国国防部后勤部食品安全办公室。

资料来源：United States Government Accountability Office. Food safety：a national strategy is needed to address fragmentation in federal oversight[R]. Washington, DC：US Government Accountability Office, 2017.

表4.2 州食品安全监管机构主要职责

类别	描述
监控	独立或与CDC及地方监管机构合作，监控食源性疾病。执行州食源性疾病报告要求或与其他州及地方的监管行动，参与食源性疾病主动监测网络FoodNet、病原菌分子分型监测网络PulseNet、食源性疾病暴发在线数据库OutbreakNet及其他国家食源性疾病监控行动
疫情应对和召回	与地方政府卫生部门合作进行大规模疫情调查，通常承担领导责任。通常与联邦或地方监管机构合作，负责监督企业的食品召回
实验室检测	州实验室负责执行所有政府的食品相关的检测，包括食物样本中的病原体、化学和微生物污染物
零售和食品服务检查	虽然零售和食品服务检查主要由地方监管机构实施，一些州的监管机构也参与零售食品安全标准的制定和零售食品服务设施的检查

续表

类别	描述
食品加工检查	承担超过80%的非零售食品设施的检查（不包括FSIS对肉类和禽类食品设施的检查），包括以签订合约形式执行大多数FDA应承担的对食品生产和加工设施的检查
农场、养殖场检查	承担农场、养殖场关于动物健康及其他与食品安全相关的检查，拥有联邦杀虫剂使用限制（与食品农兽药残留超标直接相关的）的主要执法权，包括良好农业规范评估及与壳蛋生产商合作以降低沙门氏菌污染的项目
技术和培训援助	向受雇于州监管机构、地方健康部门的工作人员及众多杂货店、餐馆和其他零售食品从业者提供广泛的技术和培训援助
教育	针对地方健康部门工作人员、食品工人及其他食品安全体系中的其他商业参与者开展食品安全教育，也包括对消费者和医学界的教育

资料来源：TAYLOR M R, DAVID S D. Stronger partnerships for safer food: an agenda for strengthening state and local roles in the nation's food safety system[R]. A project of Department of Health Policy, School of Public Health and Health Services, The George Washington University, 2009.

表4.3　地方食品安全监管机构主要职责

类别	描述
监控	承担报告食源性疾病和其他当地与食源性疾病有关情况的一线监控责任，包括收集和回应辖区内与食品安全相关的消费者投诉
疫情应对和召回	是食源性疾病暴发的第一反应者和调查者，积极参与州及联邦关于更大的跨区域的疫情反应，实施食品召回，与公众和食品业进行沟通
实验室检测	一些地方开展食品实验室检测活动
零售和食品服务检查	制定零售食品安全标准，向食品经营者发放许可证，在杂货店、餐馆检查方面承担广泛责任，以确保它们遵守卫生及其他安全标准
技术和培训援助	向地方监管机构工作人员和众多杂货店、餐馆及其他零售食品服务从业者提供技术和培训援助
教育	是消费者和零售商食品安全信息与教育的一线提供者，75%的地方健康部门有食品安全教育项目

资料来源：TAYLOR M R, DAVID S D. Stronger partnerships for safer food: anagenda for strengthening state and local roles in the nation's food safety system[R]. A project of Department of Health Policy, School of Public Health and Health Services, The George Washington University, 2009.

4.2.1 从联邦横向划分来看

美国食品安全监管事权划分的分散性,表面上源于 1906 年法律和事权的最初划分:国会不仅通过了分别适应于肉类和非肉类食品的法律,还将制定规则执行《纯净食品药品法》(*Pure Food and Drug Act*,PFDA)的权力分配给了三个部门❶;本质上植根于美国社会和联邦权力结构的分散性与政策输出的不确定性,不仅是最初分散监管的深层原因,也在之后不断强化了这种分散特征。

在美国社会层面,利益高度多元分化,代表各社会群体利益的利益集团通过院外活动等途径参与政治过程。在联邦权力层面,横向权力划分呈现分散特征,既表现为广为人知的立法、行政、司法权力分立,也表现在美国独特的行政(监管)权的内部分立,这在议会制国家根本找不到,就是在美国宪法中也找不到依据,在美国实行首长负责制的行政体制中似乎也不可思议。❷ 利益集团与国会中的专门委员会及委员会联系并监督的行政(监管)机构组成"铁三角"关系,他们的立场和活动常常专注于与监管权限相关的某一领域,割裂了完整的政府过程,从而在某些政策议题上与其他监管机构产生矛盾,如美国食品药品监督管理局与农业部就分别由国会中不同的专门委员会监督,由于受到不同利益集团和国会关系的影响,它们在某些食品安全政策上就存在冲突,在 20 世纪 90 年代食品标签改革中二者就分别扮演了保护消费者和肉制品行业利益代言人的角色。❸

美国社会和制度的多元结构使公共政策的制定过程成为"问题网络"中众多参与主体博弈的过程,政策输出呈现不可预见性特征。这些参与主体具有一定的变动性,很难说某一网络起于何处、止于何地,而且"参与者不时地出入于这一网络。这一网络中并没有一个控制着某一项目的独占

---

❶ MERRILL R A,FRANCER J K. Organizing federal food safety regulation[J]. Seton hall law review,2000(61):20.

❷ 竺乾威. 有限政府与分权管理——美国公共管理模式探析 [J]. 上海师范大学学报(哲学社会科学版),2013(3):38-45.

❸ 希尔茨. 保护公众健康——美国食品药品百年监管历程 [M]. 姚明威,译. 北京:中国水利水电出版社,2006:235-239.

性紧密群体;没有任何人在控制着政策和问题"❶,政策的输出视各种力量的分合而定。而作为各食品监管机构的权力来源的30多部法律,正是长期政治博弈逐渐形成的结果。这些法律对食品监管权的划分很难仅从管理效率标准进行解释,如美国食品药品监督管理局监管两片面包制成的夹心型三明治(closed-faced meat sandwiches),美国食品安全与检查服务局(U. S. Food Safety and Inspection Service,FSIS)监管一片面包制成的开放型三明治(open-face meat or poultry sandwiches)。❷ 因为当初政策的制定往往被具体要求的特殊理由和细节分散,何种价值优先也具有一定的偶然性,如1938年《惠勒李修正案》(the Wheeler-Lea Amendments)制定过程中,国会在辩论广告监管权时认为不能将更多的权力授予FDA,联邦贸易委员会(U. S. Federal Trade Commission,FTC)的对抗式行政听证程序和司法审查后再执行的程序规定更具公正性❸,最终将食品等广告监管权授予了FTC。又如,2008年通过的《食品、环境保护和能源法案》(又称《农业法案》)将鲶鱼类产品监管权从美国食品药品监督管理局划转给美国食品安全与检查服务局,是以限制中国、越南等国的鲶鱼产品出口美国,保护国内鲶鱼产品的竞争力为目的的。❹

这种历史形成的事权划分具有一定的顽固性,从1949年胡佛委员会就提出改革这种分散监管的建议,在随后半个多世纪里不断有机构提出合并建议始终未能成功❺,原因就在于联邦权力的多元结构,"食品安全职责在

---

❶ HECLO H. Issue and the executive establishment [M]//KING A. The new American political system. Washington,DC:American Enterprise Institute,1978:87-124.

❷ US Government Accountability Office. Food safety and security:fundamental changes needed to ensure safe food[R]. Washington,DC:US Government Accountability Office,2002:3.

❸ GERHART N. The FDA & The FTC:an alphabet soup regulating the misbranding of food[EB/OL]. (2002-04-30)[2019-02-11]. https://dash.harvard.edu/bitstream/handle/1/8965563/Gerhart.html.

❹ 何雅静,李乐,等. 美国鲶鱼监管措施跟踪及中国的应对策略 [J]. 世界农业,2016(7):121-125.

❺ GAO. High-Risk series:an update[R]. 2007;GAO. Federal food safety oversight:Food Safety Working Group is a positive first step but governmentwide planning is needed to address fragmentation[R]. 2011;GAO. High-Risk series:an update[R]. 2015;GAO. Food safety:a national strategy is needed to address fragmentation in federal oversight[R]. 2017.

行政部门的分散性反映了一个更为复杂的国会委员会的管辖分割,任何合并的建议必须获得各个相关委员会主席和高级成员的同意"。❶ 老到的政府官员都明白"试图改善或改变计划比无所事事更容易给自己带来麻烦"❷,他们在建立政治联盟来保卫自己的组织方面的意愿和技巧更胜于改善政府管理。为了回应整合食品监管权的持续诉求,克林顿和奥巴马曾采取过折中措施,分别建立总统食品安全顾问委员会(the President's Council on Food Safety)和总统食品安全工作组(the President's Food Safety Working Group)来协调食品安全事务,但由于缺乏资金或权威都被搁置了。❸ 特朗普政府又提出将美国食品药品监督管理局和美国食品安全和检查服务局合并为联邦食品安全局(Federal Food Safety Agency)❹,最终也未能成功。

4.2.2 从联邦、州与地方纵向划分来看

从食品监管纵向划分整体来看,联邦监管机构与3000多个非联邦机构均享有自主监管权(立法权、执法权、机构组织形式选择权等)。其中,联邦机构监管权限于跨州食品贸易中的产品,州、地方政府、部落、领地负责监管本地食品贸易中的产品。

这种分散性特征源于美国联邦制的宪政结构和地方高度自治的传统。在联邦与州政府层面上,美国宪法对二者权力做了明确划分,第一条第八款第一项至第十七项列举联邦政府享有的外交、军事、管理跨州贸易等权力,并在第十八项设置了"制定必要和适当的一切法律,以行使前述权力,

---

❶ MERRILL R A, FRANCER J K. Organizing federal food safety regulation [R]. Seton hall law review, 2000, 31(61):166-167.

❷ 伯恩斯,等. 民治政府——美国政府与政治(第二十版)[M]. 吴爱明,译. 2007:422.

❸ US Government Accountability Office. Food safety: a national strategy is needed to address fragmentation in federal oversight [R]. Washington, DC: US Government Accountability Office, 2017:8-20.

❹ ARNSTEIN S E, LLP L. Trump administration proposes consolidating federal food safety responsibilites into single agency at USDA, renaming FDA the "Federal Drug Administration" [EB/OL]. (2018-06-26)[2019-07-23]. https://www.jdsupra.com/legalnews/trump-administration-proposes-69831/.

以及授予合众国政府的其他一切权力"的弹性条款（Elastic Clause），《宪法第十修正案》确认了州政府的保留权力："本宪法未授予合众国、也未禁止各州行使的权力，保留给各州行使，或保留给人民行使之。"就食品监管权而言，早期由于食品贸易主要以州内贸易为主，食品监管权主要由州政府行使，19世纪交通和市场一体化发展，食品贸易在跨州甚至全国范围内开展，劣质和掺假食品引发广泛社会关注，经支持和反对力量激烈争斗国会于1906年通过了《肉类制品监督法》和《纯净食品与药品法》❶，此后联邦政府虽然根据弹性条款扩大了行政处罚、强制召回等具体监管权，但在监管内容上仍限定在跨州流通的食品，一旦越权会引发监管对象诉讼而受到最高法院宪法审查的制约。

由于各自权限独立，无论在法律规定上，还是在执法形式上，联邦和州政府都存在差异。州政府较联邦政府在食品立法方面内容更加多元，各州根据自身情况出台各具特色的监管法律，如不同州在蜂蜜生产标准、种苗生产、鸡蛋销售❷、动物人道饲养❸等方面都有不同标准。在监管执法方面，美国食品药品监督管理局和美国食品安全与检查服务局等联邦监管机构在全国范围内设立分支机构，派驻执法力量直接实施监管执法行为，如果需要委托州政府食品检查员代为检查，则需要与州政府签订合约并按合约支付相应费用，完全是一种平等的购买服务行为。❹ 州政府在执法方面，有的州组建专职检查员队伍进行执法检查，有的州将执法检查委托给县政府执行。

在州与地方层面上，二者关系主要是由"狄龙法则"（Dillon's Rule）和"地方自治"（home rule）这两项相互独立又相互矛盾的规则来塑造的。地方自治在美国具有悠久传统，但这项权利是否得到确认在很大程度上取决于州政府的态度，近一半的州通过了地方自治宪章，确认了地方政府的自治地位。而另一半州政府则适用狄龙法则来实施对地方政府的控制，它们有权设立、

---

❶ 吴强. 略论19世纪美国的食品立法及其对当代中国的启示 [J]. 江南大学学报（人文社会科学版），2012 (4)：126-132.

❷ 杨士龙. 从《北卡鸡蛋法》看美国食品安全监管 [J]. 东北之窗，2015 (4)：16-19.

❸ 施瓦辛格签法案为母鸡维权：笼里能自由伸展鸡脚 [EB/OL]. (2010-07-07) [2019-08-11]. http://www.chinanews.com/gj/2010/07-07/2387366.shtml.

❹ LEVINSON D R. Vulnerabilities in FDA's oversight of state food facility inspections [R]. Washington, DC: US Office of Evaluation and Inspections, 2011: i-3.

撤销地方政府或者改变其组织形式。因此，在食品安全监管权划分方面，实行地方自治原则的州，其地方政府拥有独立的食品监管权，可自行决定食品监管的法规和机构组织形式，而在实行狄龙法则的州则以执行州法律为主，其组织形式也主要由州政府决定。

4.3 统一：运作上的整合协调

如果单纯从形式上看，美国食品监管权划分是相当分散的，这种分散特征造成了职权重叠、重复执法、监管标准不一致、资源难以共享等问题，也因此不断遭到批评。面对持续不断的改革呼声，由于路径依赖，美国虽然不能彻底改变这种分散化事权划分模式，但从整合各食品监管主体的目标与标准、建立相关合作与协调机制等方面持续进行了改革完善，使食品监管的统一性大大增强。

4.3.1 目标与标准的整合

在联邦横向层面，近年来通过强化部门之间的协调来增强各监管机构行动的统一性受到越来越多的重视。

4.3.1.1 协调机构的努力

虽然前述总统食品安全顾问委员会和总统食品安全工作组最终被搁置，但它们在成立之初都发挥了一定协调作用，如总统食品安全顾问委员会协调各监管机构制订了食品安全战略计划，总统食品安全工作组协调农业市场营销服务局关于生鲜农产品的新安全标准与美国食品药品监督管理局一致、协调美国食品药品监督管理局壳蛋产品安全标准和美国食品安全与检查服务局家禽养殖安全标准以共同确保降低沙门氏菌污染等。[1]另外，总统执行办公室的一些机构在食品安全政策规划和执行中承担一定协调职能，

---

[1] US Government Accountability Office. Federal food safety oversight：Food Safety Working Group is a positive first step but governmentwide planning is needed to address fragmentation [R]. Washington, DC：US Government Accountability Office, 2011：5-8.

如科技政策办公室（Office of Science & Technology Policy，OSTP）于2013年5月协调有关部门执行包括食品安全战略在内的五年国家战略规划，于2013年12月协调农业部和健康与人类服务部等部门制定国家抗击耐抗生素细菌战略等。❶

4.3.1.2 法律对跨机构协调的强化

2010年通过的《政府绩效与结果法现代化法案》（*GPRA Modernization Act*，GPRAMA）对1993年《政府绩效与结果法》（*the Government Performance and Results Act*，GPRA）进行了修订，在绩效管理方面强化了跨部门（Crosscutting）协调的作用，如要求各监管机构在战略计划、绩效计划和部门优先目标制定中应详细描述如何与其他机构合作以实现目标。❷ 此后，健康与人类服务部和农业部等部门按此要求对其战略计划和年度计划进行更新，在一定程度上增强了彼此目标的互补性和食品安全监管工作的整体性。

从纵向来看，联邦政府主要通过法定化地吸收州与地方的意见、引导州和地方采用与之相一致的监管标准来统一监管行为。

第一，根据《无经费职权改革法》、第12866号和第13563号行政命令等规定，联邦监管机构在制定规章时须征询州、地方政府、部落政府的意见，而且征询须在规章颁布前进行。2011年通过的《食品安全现代化法案》（*the Food Safety Modernization Act*，FSMA）明确要求美国食品药品监督管理局在制定食品生产规则时须协调州农业部门的意见。另外，第13175号行政命令还规定在制定涉及印第安部落的食品政策时向印第安部落政府征求意见的要求。

第二，在州、实行自治的地方政府、部落政府、领地政府制定本区域食品安全监管标准时，虽然联邦政府没有统一其标准的权力，但可以利用联邦拨款引导它们适用联邦的标准，在一些面向州及地方监管机构的食品安全监管项目中，联邦政府对自愿参加项目的监管机构提供资金补助（大多数州和地方食品安全监管机构长期面临资金不足问题），鼓励其在食品监

---

❶ US Government Accountability Office. Food safety: a national strategy is needed to address fragmentation in federal oversight[R]. Washington, DC: US Government Accountability Office, 2017: 8-20.

❷ US Government Accountability Office. Federal food safety oversight: additional actions needed to improve planning and collaboration[R]. Washington, DC: US Government Accountability Office, 2015: 3.

管中采用联邦标准,目前应用比较广的项目如下。

(1) 州牛奶、贝类和零售食品安全合作项目。美国食品药品监督管理局与非联邦监管机构合作以确保牛奶、生软体贝类及零售食品安全,监管责任和权力主要在州、地方政府、部落、领地政府。美国食品药品监督管理局通过三个项目向这些非联邦机构提供帮助:牛奶安全计划、国家贝类卫生计划和零售食品保护计划。这些项目管理主要基于美国食品药品监督管理局与代表非联邦监管机构的全国跨州牛奶运输会议、跨州贝类卫生会议和食品保护会议签订的谅解备忘录。在这些合作项目中,美国食品药品监督管理局提供指导、培训、认证和其他技术援助,促进非联邦监管机构采用、实施和执行《美国食品药品监督管理局"A级"巴氏杀菌奶条例》(the FDA Grade"A" Pasteurized Milk Ordinance)、《国家贝类卫生计划模型条例》(the National Shellfish Sanitation Program Model Ordinance)和《美国食品药品监督管理局模型食品法典》(the FDA Model Food Code),这些标准本身就是美国食品药品监督管理局与州和地方合作开发的。

(2) 零售食品、加工食品和动物饲料国家监管标准。美国食品药品监督管理局制定了三个监管项目标准:国家自愿零售食品监管项目标准、加工食品的监管项目标准和动物饲料监管项目标准,作为非联邦监管机构设计和管理食品监管项目的指导,以利于提升项目之间的一致性和持续改进。三个监管项目标准分别于1999年、2007年和2014年首次发布,截至2016年1月,682个非联邦机构(包括州、部落、领地和地方监管机构)参加零售食品监管项目标准,40个州的42个监管机构执行加工食品监管项目标准,不同州的21个州监管机构执行动物饲料监管项目标准。

4.3.2 运作上的合作与协调

在联邦横向层面,在长期的互动中,联邦各食品监管机构已形成多种协调方式来整合相互的行动。一是签订部门之间的谅解备忘录,如美国食品药品监督管理局、美国农业部、美国环保局、美国国家海洋渔业服务局四个监管机构就食品安全监管达成了71个跨部门的合作协议,其中三分之一的协议主要在于减少职能的重叠、提高效能与有效利用资源。二是针对一些食品安全监管议题建立的专门化协调机制,如针对食源性疾病防控、食品安全风险评估建立的跨机构合作机制(见表4.4)。

表 4.4 主要面向联邦横向的协调机制

协调机制名称	描述
食源性疾病积极监控网络（Food Net）	一个由疾病防控中心、美国食品药品监督管理局、食品安全检验局和10个州的健康部门组成的合作机制，它评估食源性疾病的数量，根据特定食源性疾病的发病率监测趋势，对引起疾病的食物和环境做出判定
人民健康2020	一个全国健康促进和疾病预防倡议，包括食品安全在内有42个主题领域，美国食品药品监督管理局和食品安全检验局共同负责食品安全主题，目标为降低食源性病原体导致的发病率
跨部门食源性疾病暴发反应协作	一个由疾病防控中心、美国食品药品监督管理局和食品安全检验局组成的合作机制，在开展食源性疾病调查方面进行协调
跨部门食品安全分析协作	涉及疾病防控中心、美国食品药品监督管理局和食品安全检验局的合作机制，聚焦与食源性疾病有关的项目，评估导致特定食源性疾病的常见食物来源
跨部门化学残留控制小组	涉及环保局、美国食品药品监督管理局、食品安全检验局和其他部门的合作机制，讨论和解决化学残留事项
跨部门风险评估联盟	一个涉及多个联邦机构食品安全职责的合作机制，旨在促进风险评估方面的科学研究，以协助监管机构履行食品安全风险评估规定
国家食品微生物标准咨询委员会	一个涉及疾病防控中心、美国食品药品监督管理局、食品安全检验局及其他联邦机构食品安全职责的合作机制，在多项职责中有一项是发展评估食物中微生物危害的方法
国家耐抗生素监测系统	一个涉及疾病防控中心、美国食品药品监督管理局、食品安全检验局及州和地方健康机构的合作机制，旨在追踪是否有食源性和其他细菌对用于治疗和预防疾病传播的抗生素具有耐药性
基因组学和食品安全跨部门合作	一个由美国食品药品监督管理局、食品安全检验局、疾病防控中心、国家卫生研究院等组成的跨部门合作机制，通过对病原体的DNA进行测序来监控、检测和调查食源性疾病暴发

资料来源：US Government Accountability Office. Federal food safety oversight: additional actions needed to improve planning and collaboration[R]. Washington, DC: US Government Accountability Office, 2015.

需要指出的是，美国食品药品监督管理局作为联邦主要食品监管机构，在协调其他各监管机构的行动中感到法定权威不足，因而影响了协调作用的发挥。2011年《食品安全现代化法案》授权美国食品药品监督管理局加强与联邦机构、州及地方之间的合作,为其协调行动创造了更多条件,如在海产品监管方面,《食品安全现代化法案》鼓励食品药品监督管理局与商务部、国土安全部、联邦贸易委员会及其他有关部门发展跨部门协议,这些合作协议的内容主要包括:①利用各自资源、能力、权威以检查检验进口海产品的合作安排;②对国外设施检查进行协调以提高进口海鲜及海鲜设施的检验百分比;③实现海产品名称、检验记录和实验室检测的标准化以增强部门之间的协调;④在适用联邦法律中协调对违规行为的调查活动;⑤共享掌握的国内外的未遵守食品安全要求的信息及可能影响到美国进口食品安全的新监管决定或政策的信息;⑥针对影响或加强联邦机构海产品检查有效性的课题开展联合培训;⑦扩大联邦政府加强海产品安全和合规性的努力。❶ 这为食品药品监督管理局主动协调其他监管机构的行动创造了更多条件。

从纵向层面来看,联邦、州和地方3000多个食品监管机构的资源、能力不均。为了优势互补,共同提高食品安全水平,在日常监管活动中,联邦与州、地方监管机构之间开展多种形式的合作。一是正式合作有两种形式:合约(contract)、合作协议(cooperative agreements)和资助项目(grant programs),前者主要是一些联邦机构监管任务超出了雇员能力范围,需要利用州或地方的监管资源,如FDA需要监管154 000个食品设施(facilities)和两百万个农场/养殖场(farms),不得不向州和地方以合约形式购买服务,其一半左右的食品检查由州检查员以美国食品药品监督管理局名义完成。合作协议既可以以联邦机构的名义开展,如联邦食品安全与检查服务局与九个州签订的检查肉和禽类食品项目❷,也可以以公众代理人的名义开展,如美国食品药品监督管理局与6个州签订协议建立针对进口食品

---

❶ TAI S. Whole Foods:the FSMA and the challenges of defragmenting food safety regulation[J]. American journal of law & medicine,2015(41):451.

❷ TAYLOR M R, DAVID S D. Stronger partnerships for safer sood: an agenda for strengthening state and local roles in the nation's food safety system[R]. A Proiect of Department of Health Policy,School of Public Health and Health Services,The George Washington University,2009:19.

安全事件的快速反应小组,州监管人员可以代表公众采取监管措施。[1] 资助项目很广,既有前述激励非联邦机构采取联邦标准的项目,也有一些为提高地方水平而实施的实验室提升、人员培训、食品防恐等项目。

非正式的合作形式则多种多样,包括联邦机构在应急事件中临时借调州监管机构雇员[2];应联邦请求采取监管措施,如纽约州食品检查员应美国食品药品监督管理局请求,会进入食品仓库查处违法的进口食品;举办论坛或其他交流活动等。另外,像联邦机构之间一样,介于正式与非正式之间,联邦与州、地方就各种食品安全议题也建立了多种专门协调机制(见表4.5)。

表4.5 联邦与州、地方合作的协调机制

协调机制	描述
食品应急反应网	由美国食品药品监督管理局、食品安全检验局等联邦监管机构和州、地方监管机构组成的联系机制,整合全国的食品检测实验室,以更好应对食品生物、化学或放射性污染紧急情况
电子实验室交换网络	一个基于互联网的食品安全数据共享系统,允许联邦和非联邦食品安全官员进行实验室数据分析发现的比较和共享,为早期食品安全风险预警提供必要基础
食源性疾病分子分型监测网络	一个由疾病防控中心、美国食品药品监督管理局、食品安全检验局及各州的公共卫生实验室组成的合作监测网络,它使用分子指纹图谱检测来识别食源性病菌,快速与疾病防控中心数据库进行比对,以实现食源性疾病暴发的早期预警
全国疫情报告系统	一个由疾病防控中心负责协调,由联邦、各州及地方卫生健康机构组成的联系机制,调查食源性疾病等肠道疫情
促进食源性疫情应对理事会	一个跨领域协调工作小组,成员包括全国食药官方协会、公共实验室协会、州和领地健康官方协会、州和领地流行病专家协会、县市健康官方协会等,以提高联邦、州和地方对食源性疾病的预防、监控、调查、病原体检测、交流、教育等工作绩效为宗旨

---

[1] US Government Accountability Office. Food safety: agencies need to address gaps in enforcement and collaboration to enhance safety of imported food[R]. Washington, DC: US Government Accountability Office, 2009: 7.

[2] 邱琼. 美国食品安全监管事权划分及其对我国的启示[J]. 社会治理, 2016(5): 130-135.

续表

协调机制	描述
食品防护网	是一个用来创建各级监管机构和实验室网络社区,共享其能力、培训等信息的网络平台。重点关注生物恐怖主义及其他故意污染信息,以提升威胁预防与响应、风险评估与交流、资源协调等
环境卫生专家网	一个由美国食品药品监督管理局、疾病防控中心及9个州的环境卫生专家组成的合作论坛,他们与流行病学专家和实验室研究人员一起辨别和预防导致食源性疾病的环境因素
预备计划	一个由疾病防控中心和全国环境卫生协会共同领导的全国性团队训练计划,为政府、私人部门及其他合作开展食源性疾病疫情调查的环境卫生专家提供最新的食源性疾病暴发调查和监测培训

资料来源:US Government Accountability Office. Food safety:FDA coordinating with stakeholders on new rules but challenges remain and greater tribal consultation needed [R]. Washington, DC:US Government Accountability Office, 2016.

4.4 结论与启示

整体而言,美国食品安全监管事权划分由于政体结构和政策过程特征而具有明显的分散特征。当然,现实中单一制国家也常常难以做到整合统一,至多牺牲地区多样性实现纵向的垂直统一领导。从横向来说,在复杂的现代化食品工业背景下,食品安全涉及众多领域、环节、产业形态等,靠一个部门单打独斗是不可能实现的任务,美国审计总署等机构提出的由一个部门统管食品安全本身就是一个理想化的方案。美国联邦横向层面从数量上食品安全涉及十余个机构,但从监管对象比重看,美国食品药品监督管理局和联邦食品安全与检查服务局占了绝大多数,因而是相对集中的,其分散特征更体现在纵向层面,州、地方拥有独立的地位,由于法律、财力、运作形式不同,各地食品监管水平参差不齐,为食品安全埋下隐患,在发生食源性疾病、食品安全事件时也需要付出大量的协调成本。针对这些分散弊端所做的持续整合和协调努力使美国食品安全体系的统一性大为提高:联邦相关机构在制定战略和目标时即相互整合彼此的努力,使整体行动保持了较高的协调性;联邦在向州、地方购买监管服务中锻炼了地方监管人员的素质，使其熟悉了联邦的标准；带有引导性质的资金补助项目使州和地方各自独立地执行了大致相同的食品安全标准；一些用于培训、实验室建设等赠款项目提升了条件较差地方的食品安全能力；稳定的专门化协调机制增强了共同应对食品安全风险的能力。总而言之，美国的食品安全事权划分由于制度环境呈现分散特征，但横向和纵向之间的协调整合内在地提升了统一性特质，使美国食品安全并未因事权划分分散而受到太大的影响。

当前，中国正处于全面向市场经济转型中，与之相适应的食品安全监管事权划分还处于不断探索中，尚未形成成熟的模式。由于法律、行政体制不同，中国应更多地从本土实践中发掘和发现适合自己的方案，但美国经验对中国有一定的启示意义。

4.4.1　各监管部门职责划分要清晰明确

多部门分散监管可能存在机构间的竞争、防止单个机构失败和管制捕获风险等优势[1]，关键是各监管部门之间的职责划分要清晰明确。美国联邦层面虽然涉及十余个监管机构，但按食品种类的监管划分十分明确细致，实际监管中由通常认为多部门监管会造成监管真空而导致的食品安全事件很少发生。我国在大部制改革后，农业、卫健、市场、商务、出入境检验检疫等部门承担部分食品安全监管工作，在实际监管中发挥了重要作用，后期要进一步明确各部门的职责。

4.4.2　事权划分的稳定性

在长达半个多世纪的时间里，美国政界和学界一直都有改革其分散监管模式的呼声，但始终未能实现，其中固然和其多元政治体制有关，但一个重要的考虑是担心弱化现有工作机制，伤害现职雇员的士气，造成人才流失和监管效率下降。应该看到，食品监管是一个专业性非常强的技术工

---

[1] 马英娟. 走出多部门监管的困境——论中国食品安全监管部门间的协调合作[J]. 清华法学，2015 (3)：35-55.

作，在工作中不断培养、维护监管人员的专业技术能力和专业荣誉，对提升监管效果十分重要。笔者以为，我国面临的任务是稳定事权划分模式后持续培养监管人员的专业能力。

4.4.3 纵向监管责任重心问题

从承担的监管任务来看，美国纵向监管划分呈倒金字塔结构，仅美国食品药品监督管理局就承担了美国食品供应中80%的食品监管，并且这些食品是跨州流通的食品，具有较高的安全风险，这符合公共产品供给效率规律，也和其联邦财政更有保障相适应。我国的纵向监管呈金字塔结构，中央监管机构主要承担业务指导职责，具体的监管执法更多在基层进行。十八大以来，为更好地发挥市场监管作用，我们开始调整纵向的监管事权划分，在中央和中级层级适当增加监管执法权，推进职业化食品药品检查员队伍建设，药品领域已于2019年颁布了《国务院办公厅关于建立职业化专业化药品检查员队伍的意见》，市场监管水平不断提升。但食品领域职业化检查员建设还慢于市场监管的需要，应在中央层面尽快培养一支职业化的食品检查员队伍，直接承担对高风险食品的监管责任，并以法制化的形式固定下来，使其更好地发挥市场监管作用。

第5章 监管经验：美国"保健食品"监管百年

在世界各国普遍存在着一类介于食品与药品之间、兼具二者特性的产品形态，其在不同国家具有不同的官方称谓，在我国称"保健食品"，它在短短二三十年间已发展到3000多亿元的市场规模，但相应的政府监管还不够完善。在美国，这类产品被称作"膳食补充剂"（dietary supplements），是"一种旨在补充膳食的产品（而非烟草），含有一种或多种如下成分：维生素、矿物质、草本或其他植物、氨基酸，以增加每日总摄入量而补充的膳食成分，或是以上成分的浓缩品、代谢物、提取物或组合品"。[1] 其中的草药具有较久的使用历史，但整个膳食补充剂产业则是随着现代营养学的发展，具有一定功效的维生素等营养物质被发现和提炼分离出来并被人们认识接受而发展起来的。据统计，美国市场上目前有超过55 000种不同的膳食补充剂产品，年产值超过340亿美元[2]，大约有1.5亿美国人服用膳食补充剂，其中，79%的人每天使用，10%的人每天服用5种或者更多。[3] 美国膳食补充剂市场发展历经百年，围绕对其监管利益相关方的博弈也持续了百年，这包含了美国食品药品监管局、消费者、生产商、商业组织、其

---

[1] Dietary Supplement Health and Education Act of 1994. [EB/OL] (2016-06-12) [2022-05-25]. https://ods.od.nih.gov/About/dshea_Wording.aspx#sec3.

[2] KUSZAK A J, HOPP D C, et al. Approaches by the U.S. national institutes of health to support rigorous scientific research on dietary supplements and natural products[J]. Drug testing & analysis, 2016, 8(3-4):413-417.

[3] BAILEY R L, GAHCHE J J, et al. Dietary supplement use in the United States, 2003-2006[J]. Journal of nutrition, 2011, 141(2):261-266.

他社会组织、各级联邦司法机构、政客、保健医师、科学家,以及其他人之间复杂的相互影响和互动。❶ 对其梳理分析对我国保健食品监管不无借鉴和启示意义。

5.1 监管肇始:镀金时代向进步时代转型的改革需要

美国膳食补充剂产业是伴随着现代营养学的兴起而发展起来的。18世纪中后期,威廉·朴罗特(William Prout)、尤斯图斯·冯·李比希(Justus von Liebig)等人发现食物中的蛋白质、碳水化合物、脂肪和一些矿物质是给人提供能量,维持人类生存的物质。1880年日本海军中流行脚气病,研究人员发现麸皮具有治疗作用。科学家进而发现,食物中的一些微量的、过去没有查明的物质也是生命必需的,如果缺乏会导致某种疾病。1912年,弗雷德里克·哥兰·霍普金斯(Frederick G. Hopkins)称这些微量营养物质为"辅助食品因素"(accessory food factors)。同年,卡西米尔·冯克(Casimir Funk)根据实验宣称,食物中存在四种氨素可以防治脚气病、坏血病、夜盲症和佝偻症,他根据朋友建议将氨素单词 amine 与拉丁文 vita(生命)结合起来称这些物质为"vitamine"。❷ 随着科学家的研究深入,更多的维生素被发现和分离出来,但后来发现并非所有维生素都含有氨基,所以改称"vitamin"。

南北战争之后的三十年,美国处于快速发展的镀金时代,南北战争为统一的市场扫清了障碍,自由放任为资本主义快速扩张创造了环境。政府的权力很小,特别是联邦政府,除了宪法明确列举的有限明示权力(express power)外,还没有很好地掌握如何应用宪法的"州际商业"条款和"弹性条款"(elastic clause)来扩张默示权力(implied power)。在食品药品监管领域,除了马萨诸塞、弗吉尼亚等少数州已经颁布禁止掺假的法律外,大

---

❶ SWANN J P. The history of efforts to regulate dietary supplements in the USA[R]. Drug testing & analysis, 2016, 8(3-4):271-282.

❷ IHDE A J. The development of modern chemistry[M]. New York: Harper & Row, 1964:644-648.

部分州政府还没有或刚开始考虑制定相关法律，联邦政府官员更是"从没有想过美国人吃的食品的质量是否属于联邦政府的责任和权限"。[1] 在宽松的社会环境中，科学上的发现被追逐利润的资本热情拥抱并推向市场，1898年居里夫人发现放射性的镭后，就有科学家声称放射性可以使带电能量进入身体，杀灭细菌，释放身体废物，于是声称治疗各种疾病的镭带、镭环、矿物镭水、镭射石、含镭牙膏、含镭巧克力等产品出现在市场上。[2] 具有科学色彩的维生素也同样被神化和商业化。随着20世纪初维生素被发现，美国主流报刊开始强调维生素可能有神奇的疗效，一篇接一篇的文章不停地鼓吹维生素在营养中所具有的举足轻重的作用，少了它就难保健康，一些企业于是着手维生素产品的研发，最初的产品之一就是鱼肝油（cold-liver oil），随后各种维生素水、维生素制剂、号称富含维生素的食品和化妆品等被研发出来并推向市场。[3] 厂商不惜重金在各种媒体上大肆做广告，医疗人员、公共卫生专家和育儿专家也教导妈妈们去了解维生素研究的最新进展，鼓励她们让孩子多服维生素。由于缺乏有效监管，商品标签成为无法查验配剂的一般交易者和无法在购买时检查食品的性质和质量的现代消费者唯一自我保护的依靠[4]，厂商又缺乏诚信，维生素产品存在大量的掺假和虚假宣传问题。

19世纪末到20世纪初，随着自由经济高度发展，社会矛盾也日渐尖锐，经济垄断、贫富分化、环境污染、产品造假、食品药品安全等问题凸显，一些进步人士发起了被命名为"进步时代"（the Progressive Era）的社会改良运动，一些记者和作家的揭丑行动为改良运动创造了有利的舆论氛围，最终《彭德尔顿法》《谢尔曼反托拉斯法》《肉类检查法》等回应改革呼声的法律相继通过。其中，1906年通过的《纯净食品药品法》禁止在跨州与外国的食品或药品贸易中掺假或不当标识，禁止做虚假或误导性的声

---

[1] YOUNG J H. Pure food: securing the Federal Food and Drugs Act of 1906[M]. Princeton: Princeton University Press, 1989: 3-33.

[2] WALKER S. Permissible dose: a history of radiation protection in the twentieth century [M]. Berkeley: University of California Press, 2000: 3-6.

[3] 爱波. 健康的骗局——维生素的另类历史[M]. 王明娟, 译. 北京：中国友谊出版社, 2009: 5-173.

[4] WILLSON J. Sales[M]. Cambridge: Cambridge University Press, 1924: 244.

称，产品标签不硬性要求标注产品成分，但如含有乙醇、鸦片、可卡因等11种危险物质，需要说明其含量。该法确立了农业部化学局（FDA 的前身）在美国历史上第一个消费者权益保护监管机构之地位，并授予其没收和起诉的权力。1914 年通过的《联邦贸易委员会法》授权 FTC 对不正当的商业活动进行监管，包括对广告活动中不公平竞争行为。这一时期也迎来各州政府进行食品药品立法的高峰，到了 1900 年，几乎每个州都已通过一些纯净食品的法律。❶

5.2 策略性监管：政府扩权时代的监管博弈

《纯净食品药品法》等法律虽没有直接提及维生素等产品，但其欲规范的食品药品问题广泛存在于维生素产品。随着这些法律出台，食品药品行业的不当标识和虚假宣传行为有所收敛，但维生素产品显然是个例外，维生素广告仍随处可见，报纸和杂志充斥着说得天花乱坠的营养广告，有些内容可能还说得过去，但大部分不过是商人的噱头。这种局面一方面是由于这一时期化学局人手和经费限制，其监管兴趣也主要集中于药品方面；另一方面是因为随着这一时期更多的维生素被分离、提取出来，更多的与健康关系的科学论述发表，加重了维生素的科学色彩，化学局在证伪之前对采取法律手段保持谨慎，但化学局开始将其作为一个潜在的监管议题采取了一些准备措施。1922 年 2 月，化学局开始搜集维生素产品的基础信息，包括制造商、产品成分、标签和广告等，并在其蛋白质实验室对一些维生素产品的成分和含量进行实验研究。1931 年 7 月，食品药品监督管理局（此时化学局改称"食品药品监督管理局"）宣布了一项建立旨在专门研究维生素的实验室的计划，该实验室于次年 2 月成立。❷

这些监管准备工作伴随着美国历史上最严重的经济危机，不同于其他

---

❶ LAW M T. The origins of state pure food regulation[J]. The journal of economic history,2003(4):1103.

❷ CULLEN F J. The purpose of the federal food and drugsaAct[J]. Food drug review,1932,16:57.

多数行业的萧条景象，维生素产业保持了较快的发展，1925年维生素产品的批发额是30.43万美元，约占整个制药市场批发额的0.1%，到1935年批发额急剧上升到1611万美元，相当于整个药品市场的5.7%；零售市场从1925年还不到70万美元，1935年已增长到3220万美元。这时，罗斯福政府开始全面摒弃自由放任主义，代之以经济领域的凯恩斯主义和行政领域的科学管理主义，开始走上全面扩权之路，直到成为包揽民众从摇篮到坟墓全面职责的福利国家（welfare state）和政府机构臃肿的行政国家（administrative state）。在此背景下，食品药品监督管理局于1935年成立了以埃尔墨·M.尼尔森（Elmer M. Nelson）为首的维生素管理部，对市场上的一些掺假和虚假宣传的维生素产品采取了一系列扣押和起诉行动，但这些行动收效甚微。一是因为法律太过宽泛；二是主要对具体产品的诉讼耗时耗力，食品药品监督管理局人手和财力有限；三是法院仍存在不少持保守主义立场的法官，对食品药品监督管理局的指控并不都予支持。于是，FDA开始积极推动更严格的新食品药品法案的起草和审议工作，在食品药品监督管理局、刚刚登上美国历史舞台的专业消费者保护组织、医学界、消费者、商业界之间的激烈博弈和1937年"磺胺酏剂"危机事件的推动下❶，《食品、药品和化妆品法》（Food, Drug, and Cosmetic Act，FDCA）于1938年经罗斯福总统签字生效。该法将食品药品监督管理局的监管范围扩大至医疗器械和化妆品，规定新药上市前需证明是安全的，食品也须遵守质量标准，并授予食品药品监督管理局检查工厂、刑罚、信息公开等权力。但是，国会在辩论广告监管权时不想将更多的权力授予食品药品监督管理局，认为联邦贸易委员会的对抗式行政听证程序和司法审查后再执行的程序规定更具公正性❷，最后在同年通过的《惠勒李修正案》（针对1914年《联邦贸易委员会法》第五条）将食品、药品、化妆品（处方药除外）的广告监管权授予了联邦贸易委员会。

在维生素监管方面，《食品、药品和化妆品法》依然没有明确将维生素

---

❶ 希尔茨. 保护公众健康——美国食品药品百年监管历程［M］. 姚明威，译. 北京：中国水利水电出版社，2006：73-86，232.

❷ GERHART N. The FDA & the FTC: an alphabet soup regulating the misbranding of food［EB/OL］.（2002-04-30）［2019-03-28］. https://dash.harvard.edu/bitstream/handle/1/8965563/Gerhart.html？.

产品单独归入食品或药品。按照药品包括"意图影响人或动物身体的结构或功能之物质"❶的规定，可将其归入药品；按照食品标识不当情形包括"意图或呈现为特殊膳食用途，除非其标签含有维生素、矿物质或农业部部长规定的其他膳食成分信息"❷的规定，可将其归入特殊膳食食品。这既反映了当时人们对维生素缺乏共识，同时也加剧了持不同利益立场者之间的冲突。药店从一开始就将维生素当作药品销售，药剂师和医生利用维生素科学研究的不确定性来捍卫其专业方面的权威，而发现维生素巨大获利潜力的连锁超市开始将其当作食品低价销售，双方的冲突在各州引发了大规模的诉讼或请愿，有的州法院裁定为食品，有的州裁定为药品，有的州采取折中方案，允许非药店零售商销售标示为"非医疗使用"的维生素产品，还有的州出台分类规范的法律。1940年，食品药品监督管理局提出"特殊膳食食品"规范意见并举行了听证会，次年正式规范出台，规范为婴儿、儿童、老人和成人设定维生素和矿物质的每日最低需要量（minimum daily requirements，MDRs）标准，规定特殊膳食食品标签需标示有关成分和使用说明，需说明其维生素含量是否与每日最低需要量相符，产品中如有超出本规范规定的人体必需营养成分的营养物质的也需说明。另外，还需说明营养声称的科学根据，在宣布规范的同时，FDA还宣示了对特殊膳食食品的广告监管权。

当时，夸大、虚假和误导性的功能声称在维生素及其相关产品销售中仍比较普遍，因此，食品药品监督管理局策略性地根据产品标签和广告材料上的功能声称将其作为药品或特殊膳食食品开展了一系列监管行动。由于当时法律缺乏对标签和广告材料的详细定义，法院在审理这些案件时出现了分歧，在 *Kordel v. United States*、*United States v. Urbuteit* 等案件中，联邦

---

❶ The National Archives and Records Administration. Federal Food, Drug, and Cosmetic Act, Public Law 75-717, 52 Stat. 1040[EB/OL]. (1985-04-01)[2022-05-25]. https://catalog.archives.gov/id/299847.

❷ The National Archives and Records Administration. Federal Food, Drug, and Cosmetic Act, Public Law 75-717, 52 Stat. 1040[EB/OL]. (1985-04-01)[2022-05-25]. https://catalog.archives.gov/id/299847.

法院对标签外的与产品分开运输的广告册子予以认定❶❷，而在 United States v. Sterling Vinegar and Honey 案件中联邦法院则对与产品一起在同一商店展示的与产品有关的具有误导性的广告杂志不予采纳。❸ 监管行动也推动了对功能声称的监管发展，历时四年终达成和解的纽崔莱一案在禁止与癌症、糖尿病等相关功能声称的同时，承认了诸如夜盲症与缺乏维生素 A 有关之类的病理关系，允许 30 多种不同条件下的功能声称：有营养科学共识的可以直接声称，没有营养科学共识但有一定科学基础也可做出功能声称，只要在产品上注明科学界对此尚有异议。❹

其时，已有十余位科学家因为研究维生素而获得诺贝尔奖，生产商、零售商不遗余力地推销维生素产品，媒体也不断报道维生素的种种科学光环，维生素产业稳步增长，1942 年销售额已达 13 080 万美元。但反对维生素的声音也相当强烈，持谨慎立场的科学家，一些消费者保护组织、维护专利药利益的美国医学组织、食品药品监督管理局等都提出疑问，食品药品监督管理局更是积极寻求对其更加严格的监管。1962 年，食品药品监督管理局（其时已由农业部划至卫生和公共服务部）提出对 1941 年特殊膳食食品规范的修订建议，认定 8 种维生素和 4 种矿物质为具有充足科学权威和膳食补充功能的特殊膳食食品，规定标示营养功能的产品只能含有这 12 种营养物质。❺ 这一提案遭到了产业界，甚至一部分消费者的强烈反对。食品药品监督管理局在收到数万封抗议信后暂时搁置了提案，改为在媒体上进行宣传指导，但是民众显然已在缺乏社会共识中学会了自主选择，只有少数消费者听从食品药品监督管理局的建议。由于教育的策略收效甚微，食

---

❶ US supreme court. 335 U. S. 355-358(1948)[EB/OL]. (2008-06-30)[2018-03-28]. https://supreme.justia.com/cases/federal/us/335/355/.

❷ US supreme court. 335 U. S. 345-154(1948)[EB/OL]. (2008-06-30)[2018-03-28]. https://supreme.justia.com/cases/federal/us/335/345/.

❸ National Technical Information Service Library of Commerce. 338 F. 2d 157-159(1964)[EB/OL]. (2009-02-25)[2018-03-28]. https://law.resource.org/pub/us/case/reporter/F2/338/338.F2d.157.60.28920.html.

❹ LEV L L. The Nutrilite consent decree[J]. Food drug cosmetic law journal. 1952(7): 57.

❺ KASSEL M A. From a history of near misses: the future of dietary supplement regulation [J]. Food drug law journal, 1994, 49: 237-261.

品药品监督管理局于1966年又提出了新的规范提案,提案用"每日营养建议量"(recommended daily allowances,RDAs)代替每日最低需要量,明确了每种营养素的最高量和最低量。避免消费者认为量越大越好,规范还对复合维生素的配方做出规定:必须含有维生素 A、D、C、B_1、B_2,厂商可自行添加维生素 E、B_6、B_{12} 和叶酸。更具争议的是,规范要求维生素产品在标签上声明:"我们吃的食物中含有丰富的维生素和矿物质,国家研究理事会的食物与营养委员会建议通过食物满足营养需求,除非那些有特殊医疗需求的人,推荐日常服用膳食补充剂并无科学证据"。这一标示被厂商讥讽为像为产品披上守丧的孝布。❶ 该提案引发了更强烈的反对,导致了持续两年之久、花费近20万美元、100多位专家和政府代表辩论、证词报告达32 000页之多的听证会。食品药品监督管理局在整理了听证会意见后于1973年发布了新的规范版本,删除了"孝布标示"和配方规定,将维生素产品分为三个类别:含量为每日最低需要量50%以下的为食品,含量为每日最低需要量150%以上的为药品,50%~150%含量的为膳食补充剂。如果按照规范建议将一部分维生素划分为药品,意味着需要根据《食品、药品和化妆品法》有关规定进行上市前审查。这激起厂商的强烈抗议,消费者也担心从此在市场上买不到自己想要的维生素产品。最终,食品药品监督管理局的扩权努力遭遇了有史以来最强烈的抗议。

5.3 行业友好法出台:放松规制时代的监管式微

食品药品监督管理局在上述扩权行动中遭遇抵制,不仅反映了科学界对此营养问题的歧见,而且有意识形态上的原因。20世纪60年代末以来,美国的政府机构臃肿、财政赤字、经济低迷等问题显现,右倾思潮开始抬头,其后的二三十年间,对政府反感情绪的增长远远超过了对商业的反感。❷ 美国传统基金会(Heritage Foundation)的一个被里根政府大量采用的

---

❶ WHITE S R. Chemistry and controversy:regulating the use of chemicals in foods,1883-1959[D]. Atlanta GA:Emory University,1994:259.

❷ LIPSET S M,SCHNEIDER W. The confidence gap[M]. New York:Free Press,1983:83.

政策报告中提到，美国正处在监管过度的危机之中，指责食品药品监督管理局的监管要求常常压制了商业竞争和革新，因为这些要求使小企业无法生存，使私人企业不愿意在新观念和新产品上投资。过度监管的成本最终都由消费者承担，他们在购买商品时面临的选择更少，支付的价格更高。❶从卡特政府开始，联邦政府实施了持续几十年的规制放松行动，削减监管机构预算，在政府部门中大量安插保守派等，食品药品监督管理局对膳食补充剂的监管也受到挑战，维生素商家不断提起法律诉讼，挑战食品药品监督管理局的监管权威，法官们对科学权威的界限也争论不休，国会充斥着个人选择自由和政府监管界限的争论，不断有议员发起抑制维生素监管的提案。终于，国会于1976年通过了《维生素—矿物质修正案》，全面推翻了FDA的1973年提案，修正案否决了食品药品监督管理局对维生素、矿物质产品的配方和剂量规定，规定食品药品监督管理局不能根据剂量将其划为药品。这是国会破天荒地第一次限制食品药品监督管理局的监管权。历史学家詹姆斯·杨格(James Young)形容此法案标志着"自1906《纯净食品药品法》以来联邦政府关于自我治理商品法律倒退的第一步"。❷

修正案以后，食品药品监督管理局在一定程度上收缩了其执法活动，一般情况下，只在产品销售时做药物声称或非常夸张的宣称时才采取行动。❸而同时，美国社会对维生素、矿物质产品的推崇已经上升到文化层面，两任诺贝尔奖获得者莱纳斯·卡尔·鲍林（Linus Carl Pauling）在《维生素C与感冒》中建议人们大剂量地服用维生素C预防和治疗感冒❹，一些厂商或其商业组织大力资助维生素研究、电影或电视节目制作，推动维生素补充观念的教育计划等，一些流行电影、动画片或文学作品中都能看到

---

❶ FOUNDATION H. Mandate for leadership:policy management in a conservative administration[M]. Caroline House Pub. ,1981:1-100.

❷ APPLE R D. Vitamania:vitamins in American culture[M]. New Brunswick:Rutgers University Press,1996:8-32.

❸ US Government Accountability Office. Food safety:improvement needed in overseeing the safety of dietary supplements and "functional foods"[R]. Washington,DC:US Government Accountability Office,2000:3-30.

❹ THIELKING M. How Linus Pauling duped America into believing vitamin C cures colds [EB/OL]. (2015-01-15)[2019-02-19]. https://www.vox.com/2015/1/15/7547741/vitamin-c-myth-pauling.

维生素的影子。当然，也不乏反对声音，如有一些科学家就反对鲍林的结论[1]，但人们的热情掩盖了这些反对声音，维生素补充品可以让人维持最佳健康状态及预防多种疾病的信念在大众中不断滋长，产业也发展壮大起来，到20世纪90年代初期，维生素补充剂产业已增长到几十亿美元。[2] 与此同时，二十年的放松监管也加剧了市场的混乱，特别是在产品标示上，模糊的描述、虚假的声称无处不在。这种现象不仅存在于维生素补充剂市场，整个食品市场都广泛存在。各州首先行动起来，对一些产品提起诉讼，一些消费者组织呼吁规范食品标签，在标签上标明更多的健康信息来指导消费者的购买行为，大的食品公司也担心混乱局面持续下去，他们将面临在各州不同法律体系下的诉讼，要求联邦政府制定统一的规制。于是，国会于1990年通过了《营养标签与教育法案》（Nutrition Labeling and Education Act，NLEA），法案规定食品标签要统一标示营养信息，要求食品的健康声称应基于良好设计的科学研究（well-designed studies）和显著的科学一致性（significant scientific agreement），并需经FDA进行上市前批准。[3] 有意思的是，虽然在膳食补充剂方面国会与食品药品监督管理局龃龉有时，但这次国会却站在了加强监管的前沿：拒绝国会中的保守派在《营养标签与教育法案》中规定维生素、矿物质、草本植物及其他营养素健康声明的具体标准，而是授权食品药品监督管理局在1991年年底之前制定出具体规范，并于1992年11月8日生效实施。

上任才几个月的FDA新局长戴维·凯斯勒（David Kessler）带着很强的使命感意欲通过加强监管来挽救食品药品的行业荣誉，他于1991年提出了膳食补充剂的具体监管规范，规定膳食补充剂执行和其他食品一样的标签标准，健康功能声称需要科学依据并经食品药品监督管理局审批。很明显，

---

[1] OFFIT P. The vitamin myth: why we think we need supplements[EB/OL]. (2013-07-19)[2018-06-12]. https://www.theatlantic.com/health/archive/2013/07/the-vitamin-myth-why-we-think-we-need-supplements/277947/? utm_source=twb.

[2] HEGEFELD H A. Overview of federal regulation of dietary supplements: past, present, and future trends[EB/OL]. (2000-03-29)[2018-05-25]. https://dash.harvard.edu/bitstream/handle/1/8846738/Hegefeld,_Heather.pdf? sequence=1.

[3] US Congress. Nutrition Labeling and Education Act, Public Law 101-535, 104 Stat. 2353-2358[EB/OL]. (1990-10-24)[2022-05-25]. https://www.congress.gov/bill/101st-congress/house-bill/3562.

食品药品监督管理局对于此标准的理解意味着所有的膳食补充剂在标签功能声称上都是不合格的。❶ 该规范虽然得到一些消费者团体、地方监管机构的认同，但也激起了厂商、健康组织和民选官员的反对，后者迫使国会于1992 年通过《膳食补充剂法案》，该法案将原定于11 月8 日的规范生效期延长一年，敦促食品药品监督管理局重新制定不同于食品的膳食补充剂规范。但凯斯勒面对压力，决心不予退让，1993 年提出的监管规范仍然要求膳食补充剂和食品执行同样的功能声称标准。不仅如此，食品药品监督管理局还采取了更加激进的行动：以食品添加剂的名义对膳食补充剂进行监管。按照1938 年《食品、药品和化妆品法》和1958 年《食品添加剂法》的有关规定，食品添加剂被定为不安全的产品，需要上市前审批，而列入一般公认为安全（generally recognized as safe，GRAS）膳食成分目录的则不用审批。在"黑加仑油"一案中，食品药品监督管理局将黑加仑油、甘油和明胶制作的膳食补充剂产品中的黑加仑油认定为食品添加剂的做法遭到了美国第一和第七巡回上诉法院的一致否定，裁定黑加仑油是黑加仑油胶囊的唯一膳食成分，应作为食品而不是添加剂对待。❷ 食品药品监督管理局的强硬规范和对法律的随意扩大解释强烈刺激了膳食补充剂行业。整个膳食补充剂行业都被动员起来，包括众多的消费者和补充剂商店，他们的活动包括广播和电视广告、铺天盖地的传真、热线电话、名人访谈、请愿书和"草根组织"的游说。1993 年12 月，国会就收到超过10 万封来信，国会的风向随即转变，食品药品监督管理局的规范被搁置，转而于1994 年10 月通过迎合膳食补充剂产业的专门法案——《膳食补充剂和健康教育法》（Dietary Supplement Health Education Act，DSHEA）。该法用宽松的标准和很低的准入门槛取代并整合了之前零散的膳食补充剂监管政策，奠定了该行业的监管框架。

第一，在定义方面，如本章开头所述定义，《膳食补充剂和健康教育法》扩展了"膳食补充剂"的法律定义，大大超过普通的营养素品，这样，鱼油、大蒜等众多食品甚至一些药品都能以膳食补充剂的名义轻松进入市

---

❶ GILHOOLEY M. Herbal remedies and dietary supplements: the boundaries of drug claims and freedom of choice[J]. Florida law review, 1997, 49: 679.

❷ ZIKER D. What lies beneath: an examination of the underpinnings of dietary supplement safety regulation[J]. American journal of law & medicine, 2005, 31: 270.

场；第二，在市场主体管理方面，《膳食补充剂和健康教育法》规定生产商和经销商无需向食品药品监督管理局注册；第三，在安全责任方面，《膳食补充剂和健康教育法》规定由政府承担对公众具有安全隐患的掺假品的举证责任；第四，在标签方面，《膳食补充剂和健康教育法》规定与推广一种膳食补充剂有关的宣传资料只要不存在虚假或误导性的、推广某特定生产商或品牌支持声称等情形，就不应认定为标签，当然，认定这些情形的责任由食品药品监督管理局承担；第五，在功能声称方面，《膳食补充剂和健康教育法》在《营养标签与教育法案》规定的健康声称之外，增加了备案制的营养支持声称（statements of nutritional support，后被称为"结构/功能声称"），包括描述（膳食补充剂产品）对某种典型营养缺乏症有益并说明该营养缺乏症在美国普遍存在的、描述一种营养素或膳食成分对人类身体结构和功能的影响作用及上述作用机制的，以及描述服用某种营养素或膳食成分的幸福感的，载有此四种营养支持声称的产品无须审批，只在上市后 30 日内向食品药品监督管理局备案即可，但须在产品上注明"此声称未经食品药品监督管理局审批，本产品不用于诊断、处理、治理和预防任何疾病"，将知情权和选择权留给了消费者；第六，《膳食补充剂和健康教育法》赋予食品药品监督管理局对"新膳食成分"的审批权，规定 1994 年 10 月 15 日前未在美国上市的膳食成分为"新膳食成分"，须在上市前 75 日向食品药品监督管理局提交安全证明材料。此外，《膳食补充剂和健康教育法》还对建立膳食补充剂标签委员会和膳食补充剂办公室、授权食品药品监督管理局制定膳食补充剂良好生产规范等做出规定。[1]《膳食补充剂和健康教育法》的出台，使食品药品监督管理局多年来构筑高标准安全堤坝的努力付之东流。食品药品监督管理局的一位官员将此看作对有效监管哲学的一次有害逆转，已经背离了监管初心。[2]

---

[1] US Congress. Dietary Supplement Health and Education Act, Public Law 103-417, 108 U. S. Stat. 4325 [EB/OL]. (1994-10-07) [2022-05-25]. https://www.congress.gov/bill/103rd-congress/senate-bill/784.

[2] PINCO R, HALPERN T H. Guidelines for the promotion of dietary supplements: examining government regulation five years after enactment of the Dietary Supplement Health and Education Act of 1994[J]. Food drug law journal, 1999, 54: 567-579.

5.4 上市后监管：后《膳食补充剂和健康教育法》时代的监管完善

一方面，《膳食补充剂和健康教育法》为膳食补充剂赢得了比普通食品和药品更为宽松的独立地位，特别是关于备案制的结构/功能声称的规定，对市场主体的行为有重要影响。为了规避监管，许多厂商将本应作为食品或药品的产品以膳食补充剂名义进行销售。不仅如此，食品药品监督管理局关于健康声称的监管权也受到法院的挑战，在 Pearson v. Shalala 一案中，哥伦比亚特区上诉法院虽然认可食品药品监督管理局的健康声称审查权，但却认为其"显著的科学一致性"标准侵害了宪法第一修正案所保护的商业言论权，支持膳食补充剂厂商的有限科学基础的功能声称。[1] 食品药品监督管理局不得不承认这类声称，并出台了限制性健康声称（qualified health claims）的暂行规定，按拥有科学根据的程度将其划分为三种级别的不同强度声称[2]，进一步削弱了自己的监管权威，对膳食补充剂的监管转向主要以事后监管为主。

另一方面，在广大消费者中却存在着一定的认知偏差。据美国消费者联盟（National Consumers League）的一项调查显示，有 26% 的被调查者相信市场上的膳食补充剂产品已经食品药品监督管理局安全和效果审查。[3] 另一项对减肥类补充剂的专项调查显示，有 50% 的被调查者认为产品上市前需经政府审查。[4] 膳食补充剂产业显示受益，发展速度明显加快，1994 年《膳食补充剂和健康教育法》刚通过时其销售额为 40 亿美元，到 2011 年已

---

[1] Pearson v. Shalala[EB/OL].(2004-08-19)[2019-01-19]. https://caselaw.findlaw.com/us-dc-circuit/1311814.html.

[2] Guidance for industry: interim procedures for qualified health claims in the labeling of conventional human food and human dietary supplements[EB/OL].(2003-07-10)[2018-09-17]. https://www.fda.gov/Food/GuidanceRegulation/GuidanceDocumentsRegulatoryInformation/ucm053832.htm.

[3] HARRIS I M. Regulatory and ethical issues of dietary supplements[J]. Pharmacotherapy, 2000, 20:1295-1302.

[4] PILLITTERI J J, SHIFFMAN S, et al. Use of dietary supplements for weight loss in the United States: results of a national survey[J]. Obesity, 2007, 16(4):790.

超过 300 亿美元❶，十多年增长 650%。当然，这种产业扩张是以牺牲消费者安全为代价的，因为在这种宽松的监管框架下，不安全的膳食补充剂之于消费者如同危险的街道路口之于行人，前者在食品药品监督管理局行动之前等待着消费者发生不良反应，后者在政府安装红绿灯前等待着行人发生交通惨剧。❷ 为了降低这种事后监管的负面影响，食品药品监督管理局采取了一系列完善措施。

5.4.1 加强对膳食补充剂使用情况的监测

加强对膳食补充剂使用情况的监测主要是完善不良反应报告系统。早在 20 世纪 50 年代，食品药品监督管理局就与医院药师协会、医疗记录图书馆协会及五家综合医院的实验组合作致力于开发一套医疗产品不良反应报告系统。1962 年，药品修正案要求制药商向食品药品监督管理局报告药品严重不良反应，1993 年食品药品监督管理局又启动了药品安全信息和不良事件报告项目（Medwatch），除强制报告外，还开通了卫生保健从业者自愿报告功能，后来将消费者也纳入自愿报告系统。❸❹ 2006 年通过的《膳食补充品和非处方药品消费者保护法》（*Dietary Supplement and Nonprescription Drug Consumer Protections Act*）要求制造商、包装商和经销商保存六年内所有不良反应报告记录，并在 15 个工作日内向食品药品监督管理局报告所有严重不良反应事件（包括导致以下任何与健康相关的事件：死亡、威胁生命的经历、住院、出生缺陷、或为防止以上结果基于合理的医疗判断采取的医疗或外科手术），中度和轻微的不良反应事件可自愿上报，而卫生保健从业者和消费者则可以自愿报告所有类型不良反应事件，"该法的意图就是

---

❶ US Government Accountability Office. Dietary supplements: FDA may have opportunities to expand its use of reported health problems to oversee products[R]. Washington, DC: US Government Accountability Office, 2013: 1, 25.

❷ MCCANN M A. Dietary supplement labeling: cognitive biases, market manipulation & consumer choice[J]. American journal of law & medicine, 2005, 31: 215.

❸ KERLAN I. Reporting adverse reactions to drugs[J]. Bulletin American Society of Hospital Pharmacists, 1956, 13: 311.

❹ KESSLER D A, NATANBLUT S, et al. Introducing medwatch: a new approach to reporting medication and device adverse effects and product problems[J]. JAMA, 1993, 269: 2765.

通过建立报告系统使食品药品监督管理局获得发现趋势的能力，而不是盯着某一个单独的不良反应事件"。❶ 此外，食品药品监督管理局还对相关数据库和不良反应事件报告系统进行了完善，强化了编译、跟踪、评估功能，面向产业界发布了不良报告指南，包括报告程序、格式及产品标签应注明的联系人与联系方式等要求，并提供相关的延伸咨询服务。❷

5.4.2 细化产品标签管理

1995 年，未待膳食补充剂标签委员会的最终报告出台，食品药品监督管理局就发布了膳食补充剂标签管理实施细则的建议稿，经过吸收意见修改后于 1999 年 3 月 23 日生效。为了向消费者传达更准确的产品信息，该细则要求膳食补充剂标签上必须载明"膳食补充剂"字样，"膳食"二字可以用具体的膳食成分替代，如"维生素 C 补充剂"，也可以用描述性的词语替代，如"草本植物补充剂"，但"食物补充剂"等通用类的词语不能使用，因为它不能描述产品的主要成分。该细则还规定用"食用分量"（serving size）替代之前的"推荐使用"（recommended use）、"剂量"（dose）等词语。另外，规定用"补充剂成分"（supplement facts）替代传统食物的"营养成分"（nutrition facts）。这样，即使膳食补充剂产品以传统食物形式销售，消费者也很容易辨认。❸

5.4.3 完善管理基础

在膳食补充剂研究方面，食品药品监督管理局和一些研究机构、学术

---

❶ WALSH N. Closer regulation coming for dietary supplements[N]. Ob/gyn News,2007-02-15(7).

❷ US Government Accountability Office. Dietary supplements:FDA should take further actions to improve oversight and consumer understanding[R]. Washington,DC:US Government Accountability Office,2009:12-31.

❸ SCARBROUGH B. Dietary supplements:a review of United States regulation with emphasis on the Dietary Supplement Health and Education Act of 1994 and subsequent activity [EB/OL].（2004-04-30）[2018-07-28]. https://dash.harvard.edu/bitstream/handle/1/8852160/Scarbrough.pdf?sequence=1.

机构进行合作，组成联合研究团队，从而积累关于膳食补充剂的科学知识。在管理膳食补充剂企业方面，由于《膳食补充剂和健康教育法》未要求企业进行注册，导致食品药品监督管理局在需要企业基本信息时还要请求州政府提供支持。2002年通过的《公众健康安全和生物恐怖活动防范与应对法案》(Public Health Security and Bioterrorism Preparedness and Response Act)，规定所有食品企业要向食品药品监督管理局进行注册，提供基本信息。❶ 在生产管理方面，食品药品监督管理局落实《膳食补充剂和健康教育法》关于由其制定良好生产规范要求(current good manufacturing practices, GMPs)，于2007年确定了良好生产规范最终版本，详细规定了膳食补充剂生产加工的质量控制和过程记录等，以"保障膳食补充剂的质量，这样消费者就能确信其所购买的产品与标签标示的是一致的"。❷

5.4.4 加大监管执法力度

近年来，食品药品监督管理局充分利用法律授予的监管执法手段，明显加大了执法力度，2002年到2008年开展执法检查804次，而从2012年1月到9月，就开展执法检查410次，并且从2011年开始对外国企业开展检查，对一些存在不当标示、非法添加药物成分、质量控制或卫生管理不达标、标签缺失联系方式等问题的企业采取了发送警告信、禁令(injunction)、扣押、没收、强制召回、起诉等措施。特别是2004年，食品药品监督管理局基于不断增多的不良反应报告对麻黄素膳食补充剂产品采取市场禁止措施。当时，含有麻黄素的膳食补充剂产品占到了整个膳食补充剂市场的17%，食品药品监督管理局顶住了来自产业界巨大的政治游说压力。❸

---

❶ REDHEAD C S, VOGT D U, et al. Public health security and Bioterrorism Preparedness and Response Act(P. L. 107-188):provisions and changes to preexisting law[R]. Washington, DC:Congressional Research Service Reports,2002:21.

❷ KAPOOR A, SHARFSTEIN J M. Breaking the gridlock:regulation of dietary supplements in the United States[J]. Drug testing & analysis,2016,8:425.

❸ COHEN P J. Science,politics,and the regulation of dietary supplements:it's time to repeal DSHEA[J]. American journal of law & medicine,2005,31:190.

5.4.5 强化对消费者的教育

《膳食补充剂和健康教育法》颁布以来，食品药品监督管理局通过出版物、宣传册、官方网站等途径加强对消费者的教育，以提升消费者对膳食补充剂安全、功效和标签方面的认知。2004年，食品药品监督管理局和国家卫生研究院的膳食补充剂办公室联合印发小册子，教育消费者向医生沟通膳食补充剂使用情况的重要性；2006年3月印制了《食物的事实：膳食补充剂——你需要知道的》宣传册，宣传关于膳食补充剂的一般知识；在其网站上发布某些膳食成分或产品的警告，关于如何报告不良反应、膳食补充剂一般知识、如何识别膳食补充剂标签等知识。

总的来说，《膳食补充剂和健康教育法》颁布以来，尽管囿于大的法律框架，食品药品监督管理局还是在一定程度上完善了对膳食补充剂的监管，而这种进展往往是在产业界、国会、食品药品监督管理局达成一致的情况下取得的。例如，不良反应事件报告在国会、科学咨询委员会、产业界和消费者之间达成共识后得以加速推进，2011年《食品安全现代化法》（Food Safety Modernization Act）授予食品药品监督管理局强制召回权得到产业界支持❶，而缺乏共识则常常使监管措施推进受阻，如新膳食成分指南由于遭到产业界抵制至今仍前途未卜。❷

5.5 启示

5.5.1 功效及其验证问题

美国膳食补充剂从被科学发现之初，科学界对其功效价值就存在分歧，随着科学发展，一些产品功效得到较为广泛认同，但直到今天仍有不少产

---

❶ CORBY-EDWARDS A K. Regulation of dietary supplements[J]. Jama,2014,15(9)：410-414.

❷ ADAMS J M,TALATI A R. NDI guidance:the waiting game[EB/OL].(2017-10-30)[2018-03-22]. https://www.raps.org/regulatory-focus%E2%84%A2/news-articles/2017/10/ndi-guidance-the-waiting-game.

品面临较为激烈的争议。❶❷ 这是由其介于食品与药品之间的自然属性所决定的,它一端连着药品,具有相对明显的准药品功能;另一端连着普通食品,功效验证难度相对较大,但其与食品和药品的界限却不是泾渭分明,也不是静止不变的。另外,这种非均质性不仅表现在功效方面,也表现在安全方面,其安全风险随着生产过程中原料的性质、纯度和完整性而改变,如维生素产品在推荐剂量下一般是安全的,但在掺假、污染或超剂量使用的情况下就可能有毒,而像1,3-二甲基戊胺这样的补充剂产品成分本身就是有毒的。❸

我国保健食品原料有许多来自中药材,基于中医理论的组方和功效差别更甚于美国膳食补充剂,对这样一类非均质性产品进行监管,进行"一刀切"式的产品上市注册管理或备案管理,显然是不科学的。前者容易造成对产品成分功效共识度和安全性较高类产品的重复检验与审批,浪费审批资源的同时,也可能造成限制竞争、寻租等问题,还可能造成一些客观上具有保健功效,但科学技术一时又难以验证的产品被挡在市场之外,或者以非法形态进入市场;后者降低了安全风险高类产品的准入门槛,给消费者带来安全隐患。这些都凸显了当前我国推进注册制向注册备案双轨制转型改革的必要性,应根据功效共识度和安全性高低进行分类管理,从功效较为明确的单一营养素产品,到功效相对明确的普通食品和列入药食两用名单组方的产品,再到功效有一定科学依据的加工提纯或化学复合产品,建议实施简单备案、有条件备案、注册三种管理方式,其中有条件备案是指在产品标签上强制注明免责条款,向消费者警示产品存在一定风险,解决信息不对称问题。

---

❶ CUALLAR E, STRANGES S, et al. Enough is enough: stop wasting money on vitamin and mineral supplements[J]. Annals internal medicine. 2013,159:850-851.

❷ KANIKLIDIS C. Muti-vitamin mineral supplementation-enough is not enough: review of micronutrient deficiencies[EB/OL]. (2014-01-06)[2018-05-22]. https://www.researchgate.net/publication/262914879.

❸ STARR R R. Too little, too late: ineffective regulation of dietary supplements in the United States[J]. American journal of public health, 2015, 105(3):478.

5.5.2 违法宣传问题

与功效争议伴随美国膳食补充剂百年监管历程相似，另一个比较悲观的启示是监管机构治理膳食补充剂虚假、夸大宣传问题是一个长期、持久的过程。虚假、夸大宣传问题是膳食补充剂监管的核心问题之一，贯穿了其监管历史，美国食品药品监督管理局和联邦贸易委员会的不懈努力虽然在一定程度上促进了厂商宣传行为的规范化，但至今虚假、夸大宣传问题仍广泛存在。美国检察长办公室对减肥类和免疫类补充剂产品的抽样调查显示，有20%的产品标签存在法律禁止的预防和治疗疾病的功效声称情形。❶ 美国审计署对老年人常用的草本类补充剂产品的卧底调查显示，产品营销人员存在诸多欺骗性的功能声称宣传行为，一些营销人员给出用补充剂代替处方药的危险建议。❷

这一问题的顽固性固然和美国食品药品监督管理局扩权的艰难性及最终形成的低门槛市场准入有关，但更多的是和产品的特性有关，正是这类产品功效的不确定性和神秘性催生了如此大的市场，这种不确定性又给监管带来巨大挑战，使给种类不断增长的补充剂产品制定格式化的功效声称范式，并对每种产品的功效声称的边界进行认定成为几乎不可能完成的任务。当然，这不是说监管努力将变得不具意义，美国监管实践证明围绕治本不懈努力是降低问题严重程度的重要途径。可以预见，在健康中国大背景下，随着我国保健食品双轨制推行而降低行业准入门槛，虚假、夸大宣传仍将是我们需要长期面临的问题，因此，应摒弃对运动式治理的路径依赖，更多地采取具有长远意义的治理措施，如制定不同功效类型产品的声称规范、细化标签规范、强化日常监管执法、加强社会信用体系建设、持续开展消费者教育等。

---

❶ Office of Evaluation and Inspections. Dietary supplements: structure/function clamis fall to meet federal requirements [R]. Washington, DC: Office of Evaluation and Inspections, 2012:16.

❷ US Government Accountability Office. Herbal dietary supplements: examples of deceptive or questionable marketing practices and potentially dangerous advice[R]. Washington, DC: US Government Accountability Office, 2010:1-12.

5.5.3 中央与地方监管权划分问题

美国膳食补充剂的监管发展伴随着联邦与地方层面监管权的变动调整，这种调整既受到宪法关于联邦与州政府权力划分规定的限制，也受到产业发展规模、时代观念的影响。在产业发展初期，膳食补充剂行业州内贸易占主导地位，监管也以地方政府为主。随着产业规模扩大，一些大企业产品跨州及在全国范围内流通，美国食品药品监督管理局逐渐加强对这些产品的监管，并最终形成了当前良性的监管格局：除总部外，食品药品监督管理局还在全国建立垂直管理的地区办公室负责执法、与地方合作等事务，州政府监管对象主要以面向州内销售补充剂产品的流通企业为主。这种监管分工是在宪法体制下调整的，一方面州政府仍享有充分的自主权，主导州内膳食补充剂监管；另一方面，联邦政府在给予地方指导的同时，负责跨州补充剂产品的监管。这种监管体制的特点是联邦和州政府都负有监管责任并直接开展执法行为，只是监管的对象特点不同。联邦层面监管的补充剂产品流通范围更广，风险级别更高，可以将州政府监管的负外部性内部化。当然，上述划分只是原则性的，实践中产品界定和监管分工并非明确而严格，相互补位和协作经常发生[1]，如果因某案件发生争议，则由法院通过司法审查进行解决。

我国中央与地方政府在保健食品监管方面的职权划分由于机构改革等原因，至今尚未定型。从历史来看，主要以中央负责审批、地方负责日常监管为主。近年来，中央层面开始强化执法检查、抽检等监管职能，2017年国家食品药品监督管理总局出台了《关于进一步加强食品药品案件查办工作的意见》，明确划分各级监管机构的案件查办权，其中，国家食品药品监督管理总局承担对高风险产品的案件查办。2018年新一轮机构改革将保健食品监管纳入大市场监管范畴，开始推行综合执法体制。这对保健食品监管带来一定影响。从前期地方实践来看，个别地方由于专业人员的缺乏，使得对包括保健食品在内的食品安全监管的专业性相对有所弱化。如果改

---

[1] STARR R. Should states and local goverment regulate dietary supplements? [J]. Drug testing & analysis, 2016, 8: 402-406.

革中在机构设置、人员编制和经费投入方面向保健食品市场监管适当倾斜，加强专业人才培养，就会强化监管，建立以产品特性为划分依据的中央与地方执法监管分工体制，进一步提升市场监管水平。

5.5.4 安全风险问题

安全性是美国膳食补充剂监管的一个重要议题。从其历史来看，不时有不良反应事件，甚至造成死亡的安全事件发生，如造成38人死亡的"L-色氨酸补充剂事件"[1]、造成155人死亡的"麻黄素补充剂事件"[2]等，将膳食补充剂不良反应纳入强制报告系统，既是其备案制监管特征的需要，也是实时搜集、分析消费者服用数据，采取有针对性风险预防措施的途径。

我国2015年修订的《中华人民共和国食品安全法》要求保健食品"不得对人体产生急性、亚急性或者慢性危害"，这一要求与该法对"食品安全"的界定一致。这意味着法律对保健食品的基本要求是安全。虽然过去实行注册制管理，但也有一些不良反应事件见诸报端。当前，正在推进由注册制向双轨制转型，势必降低行业准入门槛，保健食品的安全风险将会随之增加，而且随着跨境电商等国际贸易发展，包括美国膳食补充剂在内的进口保健食品大量进入中国，其中一些产品以普通食品名义避开了中国监管机构的注册或备案要求，这都带来了一定安全隐患。因此，有必要借鉴美国膳食补充剂不良反应报告制度，将中国保健食品纳入不良反应报告系统，实时监测消费者的食用状况，并逐步提高数据分析和快速反应能力，以更好地保障消费者的安全。

5.5.5 监管制度环境问题

监管制度环境问题在某种意义上，包含着制度安排、组织资源、价值观念以及历史传统等要素在内的"监管空间"（regulatory space），是制约监

---

[1] SMITH C. Supplements and the Feds[N]. Salt lake trlb,2001-05-21(A8).
[2] COHEN P A. DMAA as a dietary supplement ingredient[J]. Archives of internal medicine,2012,172(13):1038.

管行为过程的根本因素。[1] 美国膳食补充剂监管过程生动地体现了这一理论，如议会政治中的政治力量博弈对膳食补充剂的法律制定具有直接影响，产业界通过政治游说和金钱政治推动创造了今天膳食补充剂宽松的监管环境。又如，自由主义传统对美国食品药品监督管理局扩权具有潜在的限制影响，美国民众对政府扩权时刻保持警惕对其造成舆论压力，产业界也常常以保障消费者选择自由为借口来对抗 FDA 扩权。再如，美国以现代营养学为基础所发展出来的以化合物、提取物为主的膳食补充剂产品类型，以及美国食品药品监督管理局孜孜追求的随机对照实验式的功效验证方式，都反映了西方原子论式的科学价值观。

这启迪我们在完善我国保健食品监管制度时要注重从国情出发，既要借鉴他国具有普适性的成功经验，更要发展适合本国特点的保健食品制度设置，如中国保健食品市场草药类产品较多，受中医理论影响较大，但目前的功效声称描述和功效评价基本以西方医学理论为主，从统计学来讲，一些具有悠久食用历史的经典组方经过长期历史检验的人数要远多于西方人体试验的人数，其功效和安全性在某种意义上应该更高，因此，在功能评价和产品审批制度设置方面应体现我国草药类和传统类保健食品与西方补充剂产品的区别。

---

[1] HANCHER L, MORAN M. Organizing regulatory space[M]//HANCHER L, MORAN M. Capitalism culture and economic regulation. Oxford: Clarendon Press, 1989: 271-299.

第6章 监管比较：
中美保健食品监管比较

保健食品监管是一个世界性难题。在美国，保健食品的典型代表是膳食补充剂，早在20世纪20年代以前，各类维生素、矿物质补充剂及其他膳食补充剂类产品就在市场上出售。根据美国诚信营养品协会（Council for Responsible Nutrition，CRN）2019年9月发布的最新调查显示，每年有超过四分之三的美国人服用膳食补充剂，这些产品已成为美国公众自我护理方案的重要组成部分。❶ 伴随膳食补充剂市场的不断扩大，美国保健食品发展已逾百年，但行业中存在的混乱、虚假和不安全问题依然不容忽视，每年都有为数不少的膳食补充剂被警告或召回，有关监管失灵的争论大量存在。❷

在我国，随着经济发展和社会进步，人民群众对保健、养生等健康需求显著增长，保健食品作为一个朝阳行业迎来了黄金发展期。天猫发布的《2020年保健品行业白皮书》显示，通过保健食品维持健康已经成为一种生活方式，2007年我国保健食品市场规模551亿元，预测2022年市场规模将

---

❶ Council for Responsible Nutrition. 2019 CRN consumer survey on dietary supplements: consumer intelligence to enhance business outcomes[EB/OL].(2020-05-10)[2021-02-19]. https://www.crnusa.org/resources/2019-crn-consumer-survey-dietary-supplements-consumer-intelligence-enhance-business.

❷ KAPOOR A, SHARFSTEIN J M. Breaking the gridlock: regulation of dietary supplements in the United States[J]. Drug testing & analysis, 2016, 8(3-4):424-430.

在2300亿元以上。❶ 伴随着我国保健食品行业的快速发展，这些年我们也不断探索与改进保健食品监管，努力在保障消费者可及性与产品的安全性之间保持平衡，推进保健食品的规范、健康发展，取得了明显成绩。但实事求是地讲，市场上还存在虚假宣传和危害消费者权益的问题。

全球范围内，中美两国的保健食品监管是最具代表性和差异性的两种监管制度。美国保健食品的发展与监管已近一个世纪，其市场监管既有可供我们借鉴的经验，也有让我们值得反思的挫折和教训。我国在改革开放后开始出现保健食品，并在近些年快速发展成为仅次于美国的全球第二大保健品市场。下面在梳理美国和我国保健食品监管框架和发展轨迹的基础上，比较中美两国保健食品监管的基本制度定位与差异，总结保健食品监管变革的趋势与方向，以期对我国改革中的保健食品监管有所裨益。

6.1 中美保健食品监管的制度框架与发展轨迹

6.1.1 美国保健食品监管的制度框架与发展轨迹

在美国，保健食品的监管机构是食品药品监督管理局。食品药品监督管理局成立于1906年，旨在规范食品、药品的生产和销售以保护消费者。自20世纪20年代开始，随着维生素、矿物质等营养物质在健康中的作用引起重视，营养素补充类产品在美国市场上大幅度增长。❷ 1938年，美国国会通过《食品、药品和化妆品法》，首次明确提出对这类含有维生素、矿物质或植物性成分的"特殊饮食用途"食品进行监管。法案颁布之后，食品药品监督管理局致力于推动依据膳食补充剂标签中的健康声称，即如果声称某种食物能够治疗、预防疾病或改善身体机能，就应该将其归为"药物"进行监管。这使在20世纪40年代到60年代的三十年里，有关如何适当使

---

❶ 《2020年保健品行业白皮书》：以营养保健食品维持健康成为一种生活方式[EB/OL]. (2020-05-27)[2021-10-02]. www.cfoodw.com/n/27452.html.

❷ ANNETTE D. History and overview of DSHEA[J]. Fitoterapia, 2011, 82(1):5-10.

用标签及其补充说明材料成为食品药品监督管理局监管和膳食补充剂厂商争议的主要问题。❶

20世纪60年代前后,评估新饮食成分的安全性逐渐成为食品药品监督管理局的关键职能。1958年《食品添加剂修正案》通过后,食品药品监督管理局尝试将膳食补充剂成分定性为"食品添加剂"以设定审批程序。总体上,出于对过高剂量服用维生素和矿物质的担忧,食品药品监督管理局对膳食补充剂的监管采取了激进立场,如禁止以食品形式出售不合理的维生素和矿物质产品,并设定营养素的最高和最低有效标准,如果营养素水平超过规定的最高阈值,食品药品监督管理局则以未受批准的药物加以管理,需经审批程序才能销售。❷ 但是,由于食品药品监督管理局没有足够的执法权力和执法资源,其加强保健食品监管的行动基本收效甚微。同时,伴随食品药品监督管理局监管权力扩张,反对监管的势头也逐渐高涨,包括厂商、行业组织等在内的膳食补充剂利益集团广泛游说反对联邦政府过度监管,最终实现了1976年《维生素和矿物质修正案》的通过。该法案明确规定,禁止食品药品监督管理局限制维生素或矿物质的效能,并且不允许食品药品监督管理局"仅仅因为超过了正常需求量就把维生素和矿物质当作药物来管理"。

进入20世纪80年代后,放松监管改革导致膳食补充剂标签混乱、食用量含糊、营养声称缺乏证据等一系列问题产生。到1990年前后,有关膳食补充剂的不良反应报告和死亡案例也日益增多。以此为理由,食品药品监督管理局再次尝试加强对膳食补充剂监管,膳食补充剂行业显然不会接受。在膳食补充剂数量激增、公众保健需求增长的背景下,厂商、行业组织广泛动员抵制食品药品监督管理局扩大监管权,尤其通过鼓动消费者"捍卫

---

❶ HEGEFELD H A. Overview of federal regulation of dietary supplements: past, present, and future trends[EB/OL]. (2002-04-30)[2020-10-20]. http://nrs.harvard.edu/urn-3: HUL.InstRepos:8846738.

❷ GERALD W. Dietary supplements: a historical examination of its regulation[EB/OL]. (2002-04-30)[2020-10-20]. Harvard University's DASH Repository, http://nrs.harvard.edu/urn-3:HUL.InstRepos:8852130.

人民食用膳食补充剂的权利",将补充剂、消费者捆绑在一起。❶ 最终,在国会、工业界及食品药品监督管理局数年的竞争、辩论和博弈下,《膳食补充剂健康与教育法案》于1994年10月25日正式出台,构建了美国至今对膳食补充剂监管的基本框架。

根据《膳食补充剂健康与教育法案》的监管框架,美国膳食补充剂进入市场不需要向食品药品监督管理局进行注册或备案,企业无须通过安全性或功效审查即可进行上市。相反,对于食品药品监督管理局执法则提出了较高标准的限制和制约,如食品药品监督管理局需要承担举证责任,证明产品有"重大或不合理的疾病或伤害风险",才能将上市产品驱逐市场,大大限制了食品药品监督管理局针对潜在风险产品采取行动的能力。《膳食补充剂健康与教育法案》还规定了膳食补充剂的标签规则,允许三类许可声称,包括营养成分声称、结构/功能声称和健康声称。由于膳食补充剂不需要像药品那样具有明确的安全与功效审查,《膳食补充剂健康与教育法案》为保证质量,授权食品药品监督管理局制定良好生产规范。2007年,食品药品监督管理局发布了专门针对膳食补充剂的现行良好生产规范❷,要求膳食补充剂产品必须按照该规则进行生产,以保证制造设备设施、生产流程和控制系统、包装存储和标签等全过程达到规定标准。此外,美国建立并不断完善上市后监管。2006年,美国国会通过了《膳食补充剂和非处方药消费者保护法》,要求制造商和分销商必须在15个工作日内向食品药品监督管理局报告严重不良事件。

6.1.2 中国保健食品监管的制度框架与发展轨迹

与美国相比,我国保健食品产业的起步是在改革开放以后,随着经济发展和人们生活水平提高,市场上开始出现一些声称具有一定功能的食药

---

❶ SWANN J P. The history of efforts to regulate dietary supplements in the USA[J]. Drug testing & analysis,2016,8:271-282.

❷ BAILEY R L. Current regulatory guidelines and resources to support research of dietary supplements in the United States[J]. Critical reviews in food science and nutrition,2018,60(11):1-12.

产品，政府也开始注意到在食品和药品之间存在一些中间产品。1987年，卫生部出台了《食品新资源卫生管理办法》《禁止食品加药卫生管理办法》和《中药保健药品的管理规定》，正式提出了一种新的食品类型和三种介于食品与药品之间的产品：新资源食品、特殊营养食品、药膳和中药保健药品，对这些早期保健食品形态的监管主要在食品、药品的各自框架内实施监管，相关产品的监管部门、监管尺度和准入门槛均有不同要求，形成了差异化监管的格局。

  1995年前后，我国保健食品行业迎来了第一个发展期，"太阳神""中华鳖精""太太口服液"等产品风靡全国，同时由粗放发展造成的乱象引发对其加强监管的呼声。1995年修订《中华人民共和国食品卫生法（试行）》时，政府开始重新调整监管思路和定位，正式通过的《中华人民共和国食品卫生法》（以下简称《食品卫生法》）提出了"表明具有特定保健功能的食品"，首次明确了保健食品的法律地位。1996年，为落实《食品卫生法》，卫生部出台了《保健食品管理办法》，首次明确了保健食品的定义。随后几年，卫生部又颁布了《保健食品标识规定》《保健食品功能学评价程序和检验方法》《保健食品良好生产规范》《进一步规范保健食品原料管理的通知》等法规文件，初步建立起保健食品的注册许可、生产许可、原料名单分类、功能声称评价、标识管理等制度。但是，这一时期，由于"健字号"中药保健药品也大量存在，出现了保健食品和保健药品并行监管阶段。1998年，国务院机构改革成立了直属于国务院的国家药品监督管理局，药监局认为中药保健药品存在审批标准不一致、夸大功效等多种问题，与保健食品定位存在重叠，于2000年下发了《关于开展中药保健药品整顿工作的通知》，要求各地取消中药保健药品，将其转入保健食品或药品管理，并在2002年年底完成对"健字号"的整顿。

  2003年，新一轮政府机构改革后食品药品监督管理局成立，保健食品注册审批职能由卫生部划转给食品药品监督管理局，在这样的制度设置下，除了一部分中药保健药品划为药品管理外，介于食品与药品之间的中间形态产品大多被划在食品范围内进行监管，至此实现了将具有功效的相关产品相对集中地纳入食品管理。2005年《保健食品注册管理办法（试行）》颁布，开始实施严格的注册管理制度，保健食品行业的规范性得以提升。划入食品管理以来，保健食品行业伴随我国经济持续高速增长而快速发展，由于注册制导致行业准入门槛过高、周期过长、成本较高，存在一些批评声音，加之政府推行"放管服"大环境，保健食品制度也面临降低行业门槛需求，2015 年修订的《中华人民共和国食品安全法》规定对保健食品实行注册与备案双轨制分类管理，随后国家食品药品监督管理总局下发了《保健食品注册与备案管理办法》等一系列文件，双轨制改革得以不断推进和完善。

总体来看，中美保健食品监管显示了差异化的制度框架与发展轨迹，是各自适用于本国的政治行政体系、产业发展水平及市场监管传统的监管模式，反映了两国不同的需求和优先事项，但是也呈现出一些共性的监管主题与方式。[1] 下面着重从三个方面比较中美保健食品监管的制度定位差异。其中，监管对象反映了监管者对保健食品内涵和外延的界定逻辑，监管尺度体现着监管者对待保健食品的安全、功效审查与产品消费可及性的价值偏好与优先选择，监管重心则涉及对保健食品监管风险的认知与治理策略选择。

6.2　监管对象定位：膳食成分导向与功能声称导向

有关保健食品监管制度定位的基本挑战在于如何界定保健食品。不同国家对典型保健食品的称呼不一致，如在美国主要被称为膳食补充剂，在加拿大被称为天然健康产品（natural health products），在澳大利亚被称为补充药物（complementary medicines）。多样化的称呼意味着对什么是保健食品、保健食品归属于什么类别有不同的定位，这就导致监管边界的划定始终存有争议。

在美国，食品药品监督管理局对膳食补充剂的归类进行了长期的探索，最早尝试将膳食补充剂归为药物，随后又尝试将其归为食品添加剂。食品药品监督管理局的这两种分类尝试，都致力于扩大对膳食补充剂的监管权限[2]，但是在强调自由市场经济的美国，每次强化监管的尝试都遭到了国会

---

[1] DWYER J, COATES P, et al. Dietary supplements: regulatory challenges and research resources[J]. Nutrients, 2018, 10(1): 41.

[2] DHEGEFELD H A. Overview of federal regulation of dietary supplements: past, present, and future trends[EB/OL]. (2000-03-30)[2020-10-20]. http://nrs.harvard.edu/urn-3: HUL.InstRepos:8846738.

和膳食补充剂行业的抵制。最终，1994年出台的《膳食补充剂健康与教育法案》将膳食补充剂明确定义为食物，结束了过去数年有关膳食补充剂适用食物或药物框架的争议。从内涵上来看，美国对于膳食补充剂的法律界定是从膳食成分的角度，将膳食补充剂界定为含有一个或多个膳食成分，旨在补充膳食的产品（不包括烟草），膳食成分可以是维生素、矿物质、草药或其他植物性成分、氨基酸或以上成分的浓缩物、代谢物、组分、提取物或组合。美国基于膳食成分的保健食品界定是相对客观和明确的，这也使监管实践中，对保健食品外延和边界的划分较为清晰和便捷。

　　表征保健食品的第一步通常是确定成分❶，具体在以膳食成分为标准的膳食补充剂监管边界上，美国给予了比较宽泛的进入标准，这集中体现在对各类膳食补充剂成分的包容性接纳上。在保健食品市场，膳食成分的安全性和可接受性往往是评估保健食品产品能否进入市场的主要依据。美国以《膳食补充剂健康与教育法案》颁布为契机，将膳食补充剂的成分分为两种：一种是在1994年10月15日前已上市的补充剂使用过的旧膳食成分（old dietary ingredient, ODI），一种是未在此日之前使用的新膳食成分（new dietary ingredient, NDI）。旧膳食成分已经具有安全使用的历史，因此不需要获得批准，只要达到旧有标准即可进入保健食品市场；新膳食成分则需要在进入销售渠道前至少75天向食品药品监督管理局备案，并提出证据证明其成分安全性，但食品药品监督管理局对于备案材料的评估并不影响其上市❷，不过如果食品药品监督管理局对该成分或提交的安全性有任何疑问，则食品药品监督管理局可以要求提供更多信息或拒绝该产品进入市场。无论是旧膳食成分的直接使用还是新膳食成分的备案式使用，都可看出《膳食补充剂健康与教育法案》对膳食补充剂的理解是宽泛的，这一方面有利于膳食补充剂行业的快速发展，满足公众对健康保健食品的需求，另一方面也导致膳食补充剂数量激增，如鱼油、大蒜等众多食品及一些药品都以膳食补充剂的名义进入市场，既增加了食品药品监督管理局的监管负担，

---

❶ AOAC International Guideline Working Group. AOAC international guidelines for validation of botanical identification methods[J]. Journal of AOAC international, 2012, 95(1): 268-272.

❷ 赵洪静，宛超，张李伟. 美国膳食补充剂管理案例分析及启示[J]. 国际中医中药杂志，2016（6）：487-491.

也引发消费者的选择困惑。❶

与美国不同，我国对保健食品的法律界定着重于功能声称。1996年的《保健食品管理办法》首次明确了保健食品的定义，即"表明具有特定保健功能的食品，即适宜于特定人群食用，具有调节机体功能，不以治疗疾病为目的的食品"。保健食品作为特殊的食品，是具有保健功能的食品，既不属于普通食品也不属于药品，与普通食品的区别在于具有调节机体功能的作用，与药物的区别在于不以治疗疾病为目的。❷ 这里，保健功能声称成为判定保健食品与普通食品及药物的核心依据。为此，我国制定了允许保健食品声称的保健功能目录清单，形成了具有明确评价方法和判定标准的保健功能信息列表，经过多次调整，目前我国保健食品目录共27项（2022年1月，市场监管总局发布对保健功能声称目录调整的征求意见稿，拟调整为24项）。作为一种理论上的区分，基于功能声称的界定依据导致我国保健食品的边界模糊。事实上，保健食品的保健功效和药品的治疗功效很难从根本上进行科学区分，因为两者本质上都是对人体机能的调节，只是程度的不同，不存在可以设定的临界数值。此外，保健食品功效验证也并非易事，目前纳入目录的功能声称主要是使用现代西方医学的话语体系表述的，而我国较大部分的保健食品是在传统中医、药膳理论指导下进行生产的，其证据基础主要来自经验的积累，难以用西医的方法进行验证。❸ 因此，严格的功能声称与管理制度将大量具有传统保健功效的产品阻隔在市场之外。

总体来看，我国的保健食品主要基于中医理论，体现了悠久历史的经验哲学，但目前保健食品的功能声称监管却套用了西方的实证哲学，造成了一定的验证困难和监管标准过高的问题。一方面，清单制限定的功能声称十分有限，同时允许申报新功能的程序又比较烦琐，这都使我国对保健食品的定位不够灵活，导致很多的保健食品无法获得正当身份，进而市场

---

❶ DANIEL LR. Dietary supplements: structure/function claims fail to meet federal requirements[EB/OL]. (2012-10-03)[2019-09-11]. http://sfsbm.org/wiki2/images/OIGDietarySupplements2012.pdf.

❷ 孙桂菊. 我国保健食品产业发展历程及管理政策概述[J]. 食品科学技术学报, 2018, 36(2): 12-20.

❸ 闫志刚, 张成岗. 美国"保健食品"监管百年：科学、产业与监管博弈[J]. 中国高校社会科学. 2019(6): 104-114.

上以非法形态出现的保健食品产品增多,并被排除在正常的监管之外。目前,我国保健食品日常监管中会碰到保健食品宣称治疗功效的案件,这是由于对案件性质认识不同,食品、保健食品、药品对各自的监管范围的认识亦不同,导致监管机构日常监管专注于能清晰界定的产品,忽视这些模糊地带。

6.3 监管尺度定位:弱监管与强监管

任何监管都是在消费安全与选择自由之间的平衡[1],保健食品监管面临的实质挑战,也是来自这两种价值之间的摇摆,不同的监管价值取向意味着不同的监管尺度定位,即选择严格的强监管还是宽松的弱监管。强监管,即重视保健食品的安全价值,强调安全与功效审查,保障消费者不会因安全性不明的新原料而遭受不必要的健康风险,确保消费者使用具有其宣称的特定功效的保健食品;选择宽松的弱监管,则是重视保健食品的消费自由,鼓励保健食品和健康产业的发展,满足消费者的保健需求。

作为一部旨在保护消费者购买膳食补充剂权利的法律,美国基于《膳食补充剂健康与教育法案》建立的膳食补充剂监管属于典型的宽松的"弱监管"模式。正如《膳食补充剂健康与教育法案》明确指出的那样:"联邦政府不应施加任何不合理的监管壁垒,以阻碍或减缓安全产品向消费者的供应。"基于此理念,美国膳食补充剂类产品无须获得上市前批准,产品在投放市场之前不必经过证明是安全或有效的。反之,如果美国食品药品监督管理局作为监管者要求企业从市场上撤离该产品,则必须承担证明产品与"重大或不合理的疾病或伤害风险"有关的举证责任。美国的专家认为,宽松的弱监管模式,从消费者的角度,是公众寻求医疗保健自主决策权的重要体现,反映出对保健食品消费自由的重视和保障[2];从膳食补充剂类企

---

[1] SHAO A. Global market entry regulations for nutraceuticals, functional foods, and dietary/food/health supplements[M]//BAGCHI D, NAIR S. Developing new functional food and nutraceutical products. Amsterdam: Academic Press, 2017: 279-290.

[2] SWANN J P. The History of efforts to regulate dietary supplements in the USA[J]. Drug testing & analysis, 2016, 8: 271-282.

业的角度,则意味着企业无须通过冗长繁杂的外部审查即可设计、开发、制造和销售产品,大大促进了保健食品产业的创新和扩张。但是也有观点批评说,这种扩张是以牺牲消费者安全为代价的,在没有进行安全性审查的膳食补充剂市场上,美国消费者正在扮演实验室中的小白鼠角色,暴露于本可规避掉的安全风险。❶ 美国食品药品监管局本身也有着强大的监管冲动,一直希望通过提高行业的准入门槛来确保食品药品的安全性。但是囿于美国的保健食品行业利益集团的强大作用和消费者的强烈自由主义习惯,监管机构一直没能实现对保健食品的严格监管。

与美国的宽松型监管相比,我国对保健食品实行的是相对严格的强监管,制定相关标准控制保健食品的准入,强调安全与功效审查。这种强监管模式是同我国基本国情相适应的。中国的民众更希望政府在保障产品安全方面承担更多的责任,因此,政府对保健食品行业的准入设置了较高的门槛。但是,随着人们生活水平的不断提升,人们对美好的生活的向往、对保健食品的需求比之前更加强烈,相应地,其对产品质量的鉴别能力也在不断提高,因而,产品可及性和选择性对消费者越来越重要。这也是近年来保健食品监管由注册制向注册备案双轨制转型改革、逐步降低保健食品行业准入门槛的主要原因。过于严苛的准入标准可能在一定程度上影响产品的可及性。

监管尺度定位,即是要求监管制度设计考虑消费者选择自由与消费安全之间的动态平衡,但这种定位必须适合各国特定的政治文化、产业发展阶段、监管制度传统,也受到各利益相关者的博弈。从近年的改革来看,美国与中国的保健食品改革呈现出"合流"趋势。在美国,虚弱且无效的膳食补充剂监管已经引起广泛关注和批评,大多数美国人在接受《膳食补充剂健康与教育法案》法规体系教育后,都赞成加强食品药品监督管理局对膳食补充剂的监管权力,推动膳食补充剂的备案管理,增加食品药品监督管理局的授权以确保膳食补充剂的安全并验证与健康相关的功能声称。但是,相关改革阻力巨大,这是因为任何寻求对市场的扩大干预都与美国

---

❶ WALLACE T C. Twenty years of the Dietary Supplement Health and Education Act: how should dietary supplements be regulated? [J]. Journal of nutrition, 2015, 145(8): 1683–1686.

《第一修正案》的理念抵触，即个人是能够根据自己最大利益做出决定的主权者。美国膳食补充剂的相关企业、行业组织已经数次成功地利用"第一修正案"来抵制食品药品监督管理局监管权限的扩张。❶

我国保健食品的监管变革同样是解决产品安全性与可及性的平衡问题。与美国"收紧"监管的趋势相反，我国近年来在"放管服"改革的推动下，致力于"放松"对保健食品监管，如放松准入门槛，激发市场活力，扩大消费者选择空间，完善注册和备案双轨制改革，采用更加简化、更具成本效益的备案方式，重新平衡消费者选择和获取途径与消费安全保障的关系。但是也必须认识到，双轨制改革应当重视内容而非形式，备案如果只是形式上的变化，无监管价值的真正转变，那么对扩大保健食品可及性的影响也将非常有限。如何平衡保健食品的安全、质量、功效与可及性，成为中美两国都面临的监管挑战。

6.4　监管重心定位：上市前监管与上市后监管

与强监管、弱监管尺度相匹配，中美保健食品监管重心也存在明显差异。美国膳食补充剂类产品由于准入宽松，所以更强调上市后监管。所谓上市后监管，是指保健食品投放到市场以后，对市场上公开发布销售的保健食品进行的持续性监控，包括保健食品的质量、安全性、有效性等。❷ 美国构建了膳食补充剂上市后的监视系统，该系统从膳食补充剂的制造商、卫生专业人员和消费者那里收集不良反应的信息或报告，验证不良事件和产品之间的因果关系，并根据相关因果证据采取适当举措。其中，制造商有责任提交不良反应报告，但医疗卫生专业人员、消费者属于自愿提供，通过美国食品药品监督管理局安全信息和不良事件报告计划 MedWatch 来反馈相关信息，具体可通过电话、电子邮件或邮寄等方式进行报告。Med-

---

❶ STARR R. Should states and local governments regulate dietary supplements? [J]. Drug testing & analysis,2015,8:402-406.

❷ KAUR S D. A comparative analysis of post-market surveillance for Natural Health Products(NHPs)[D]. Ottawa:University Of Ottawa,2013:17-18.

Watch 的数据输入不良事件报告系统汇总后,由多学科专家进行因果评估,如果不良反应与膳食补充剂产品之间的关系得到确认,相关信息会及时发布给利益相关者。

对于保健食品的风险监控而言,仅有上市前监管是不够的,因为如果上市前的监管程序是完美的,就不会有产品需要从市场上召回或清除。[1] 事实上,膳食补充剂即使进行了广泛的售前研究和临床测试,其售前分析依然具有局限性,如不能准确代表总体人口的样本人群,无法解释可能影响某些不良事件或结果的其他相关因素,包括既往医疗状况、代谢分化、生活方式(如饮食、吸烟或饮酒)等。同时,相比于药品,保健食品安全的科学证据很多时候是不足的,通常缺乏足够的售前临床测试。这使有效的上市后监管更加不可或缺,它通过已接触或使用这些保健食品的消费者可以获取真实的反应数据,不仅可以帮助消费者查询到准确的信息,确保用户的使用安全,也有利于厂商对在售补充剂产品进行评估和改善,及时召回或撤出有潜在风险的补充剂产品,或修订标签、做出警示等。[2] 对于政府监管者而言,也可以根据报告的一系列相似或相关不良事件加强对新风险的识别,并给予更多的关注和干预。[3]

但是,美国的上市后监管也被批评为"后见之明的危害"[4],即食品药品监督管理局的延迟回应使膳食补充剂造成有害后果后才得以识别和清除。另外,膳食补充剂的不良反应报告也并非像药品那样,具有强制性的报告要求,主要来自消费者的自发报告也很少能提供针对膳食补充剂严重不良影响的充分和足够及时的信息数据。面临漏报、错报、不完整报告等困扰,这都使不良事件报告的信息量及信息质量,均不足以确定补充剂产品和不

---

[1] KINGSTON R. Challenges in collecting, accessing and evaluating post market surveillance AERS in patients receiving dietary supplements[J]. Thrombosis research,2005,117(1-2):137-144.

[2] LEDOUX M A,APPELHANS K R,et al. A quality dietary supplement:before you start and after it's marketed—a conference report[J]. European journal of nutrition,2015,54(1):1-8.

[3] DART R C. Monitoring risk:post marketing surveillance and signal detection[J]. Drug & alcohol dependence,2009,105:26-32.

[4] COHEN P A. Hazards of hindsight -monitoring the safety of nutritional supplements [J]. New England journal of medicine,2014,370(14):1277-1280.

良反应的因果关系，进而影响食品药品监督管理局快速发现和识别危害，制约了不良信息报告系统的作用发挥。

与美国相比，我国则是典型的上市前监管，旨在保健食品的准入与风险之间取得适当平衡。我国对保健食品的监管建立了较为完善的注册与备案管理制度及生产许可制度。这是一种相对严格的上市前准入监管，也是目前我国保健食品监管的核心制度。总体来看，基于准入的监管通过对所有从事某项活动的人的行为的潜在质量进行评估以确定其是否达到要求的标准，向外界披露厂商具备了生产的资质和能力，从而可以有效避免发生不符合社会利益的行为，防范风险隐患。[1]但是，上市前准入监管也导致一些问题。第一，给保健食品厂商带来一定的生产成本。他们需要向有关部门提供保健食品的各类详细信息，面临严格的审批过程，严格的标准，相应地提高了企业成本，只有通过严格审批的产品才能进入市场。第二，在严格的准入标准、高额的市场回报下，有的企业铤而走险，无证经营。第三，对已经通过审批获得生产许可的保健食品厂商，则形成了政府公权力对保健食品的背书，实现了责任的转嫁，即假定一旦通过审批，获得生产资格的企业即可生产合格的产品，因而监管者往往放松甚至忽视对其生产过程的监管。事实上，仅在市场准入方面进行监管并不能完全防止风险的产生，而且一旦产生问题，政府将成为替企业担责的背锅者。

从本质上来看，上市前监管和上市后监管体现了不同的保健食品安全风险认知与监管策略。上市前监管对风险接受度低，针对的是可控的已知的风险，试图通过严格的准入将所有风险都排除在市场之外；上市后监管对风险的接受度高，针对的是产品消费过程中的真实风险，通过对风险的识别、评估和监控，施以相应的干预手段。目前，世界上多数国家并没有从法律定义认定"安全"是"保健食品"的必然特性，并试图规避保健食品的所有风险，因此建立或强制或自愿的不良反应报告系统的上市后监管成为目前保健食品监管的主流。

---

[1] 刘亚平，梁芳. 监管国家的中国路径：以无证查处为例［J］. 学术研究，2018（9）：44-52.

6.5 启示：构建市场导向的保健食品监管

中美保健食品监管的差异化制度定位鲜明体现了两国不同的市场监管逻辑，"中国式"市场监管从计划经济发展而来，具有典型的行政吸纳市场的依附型特征，而发达国家的监管建立在相对成熟的市场和社会基础之上，是市场机制的剩余和补充。❶"准入式监管"，作为一种有关生产资格的事前监管，其假定保健食品的生产厂商一旦通过注册、备案及生产许可，即可生产出合格的保健食品。这一定程度地导致了重审批、轻监管现象，相对放松了对生产过程的监管。同时，也一定程度造成市场准入门槛过高，无法有效满足中国特色社会主义新时代背景下民众与日俱增的健康需求。

鉴于上述背景，近几年我国保健食品监管开始推行相关改革，从单一注册制向注册、备案双轨制改革，进一步降低市场准入门槛，同时，强化过程管理，但改革的系统性还须进一步加强。强大的产业和强大的监管要相互支撑。❷ 基于"放管服"的改革背景和更好地满足人民群众日益增长的需求的时代背景，我们正在构建市场导向的保健食品监管。这需要从多方面加强制度建设。

首先，市场导向的保健食品监管意味着放松保健食品监管尺度，从准入监管转向过程监管。放松保健食品监管，既是满足消费者保健品消费需求，又是推动保健产业发展的必然要求。目前，审批向备案的准入变革是一种有效的方法，既可以确保监管机构获得有关上市产品的详细信息，又避免了严格、冗长的审核流程。❸ 当前，要优化备案系统，构建保健食品的市场产品清单，确保监管部门在市场上出现非法或不安全产品时做出及时

---

❶ 胡颖廉. "中国式"市场监管：逻辑起点、理论观点和研究重点[J]. 中国行政管理，2019（5）：22-28.

❷ HAMBURG M A. Innovation, regulation, and the FDA[J]. New England journal of medicine, 2010, 363(23), 2228-2232.

❸ SHAO A. Global market entry regulations for nutraceuticals, functional foods, dietary/food/health supplements[M]//BAGCHI D, NAIR S. Developing new functional food and nutraceutical products. Amsterdam: Academic Press, 2017: 279-290.

响应。同时，准入放宽后，为确保保健食品的质量和安全，要加强对生产过程的质量控制，不断修订、调整符合新情况的良好生产规范，完善质量管理体系，如重视执法检查能力培训，提高检查人员质量，提升文档编制的规范性、可追溯性等。

其次，市场导向的保健食品监管以保健食品信息的充分对称为基础。事实上，只要没有有关保健食品的完整信息，消费者就不能真正地自由选择[1]。保健食品相关信息真实、充分和便捷地传递，是消费者做出理性选择的基础。当前，应当着力于消除保健食品的信息不对称，不断完善保健食品及相关企业信息披露制度，加强标签信息管理，推动建立第三方信息供给机制，发挥保健食品领域行业组织的专业优势和信誉优势，实现保健食品认证标识、产品评级等更多样化的信息披露和转化方式。此外，还要打击保健食品生产者和经营者的不当信息行为，加大对虚假宣传和欺诈营销的执法力度，规范保健食品的营销信息传递。

再次，市场导向的保健食品监管重视上市风险监控。比较来看，上市后监管不再是证明某种成分是否安全，而是通过风险监管加强对保健食品潜在不利影响的监视，以发现、筛查和预防可能存在的重大或不合理风险，这对于最大程度降低对消费者的危害至关重要。借鉴美国经验，我国的上市后监管应尽快建立规范的不良事件报告系统，从而将其作为产品功效评价与动态调整的机制，并与监管措施进行及时、有效联动。敦促保健食品的生产商、经销商、消费者、行业等第一时间报告严重不良事件，并实现国家市场监督管理总局、地方公共卫生部门、生产商、行业组织等对保健食品不良事件的信息共享和协同研判，以及时发现不良事件与产品之间的因果关系，确保不良事件能够迅速得到响应并给出处置建议。

最后，市场导向的保健食品监管必须重视消费者的作用，不能将消费者排除在治理之外。在市场关系中，消费者通过"用脚投票"影响企业利益结构，进而对企业行为产生约束。基于消费者的保健食品治理，一方面，要加强健康教育，提升消费者的健康素养和认知水平。作为一种健康消费，开展保健食品教育，帮助公众了解有关保健食品的知识与功能，提高消费

---

[1] GERSHWIN M E, BORCHERS A T, et al. Public safety and dietary supplementation [J]. Annals of the New York academy of sciences, 2010, 1190: 104-117.

者的饮食营养和健康保健知识，是健康营养消费的基础。另一方面，消费者还可通过权益保护机制参与监管，通过不断完善消费者权益保护制度，为消费者在购买使用保健品过程中权益救济提供便捷、多样化的渠道和平台，减少举证、流程、期限等方面的阻碍，促进消费者更加主动维权，以实现对保健品生产经营企业非法行为侵犯消费者合法权益的间接约束。

第 7 章 监管队伍：
日本药品检查员制度

药品检查是药品监管的重要内容，药品检查员是守护国民用药安全的卫士。目前，学界还未对药品检查进行严格定义，结合国内外实践，笔者以为，药品检查是指药品监管主体或其授权的检查主体按照药品监管法律或规范对药品研发、试验、生产经营活动进行核实、评价、查验的过程。根据不同标准可将药品检查划分为不同种类。按检查方式可以分为现场检查（on-site inspection）和书面检查（dossier/desktop/document-based inspection）。前者是指对药品监管相对人（主要包括药品研发、试验、生产、经营主体）现场进行的检查活动，后者是指对药品监管相对人提交的有关文本资料进行的审查活动。按检查目的可分为审批性检查（review）、合规性检查（audit）和监督性检查（surveillance）。审批性检查是对药物产品注册申请进行审查评价，主要是在药品技术审评过程中开展的检查；合规性检查是对药品监管相对人的资质申请进行的合规性审查，如对申请《药品非临床研究质量管理规范》（good laboratory practice of drug，GLP）、《药品非临床研究质量管理规范》（good clinical practice，GCP）、《药品生产质量管理规范》（good manufacture practice，GMP）认证的检查；监督性检查是对药品监管相对人获取资质后的活动进行监督性检查，如飞行检查。按实施的时间节点可划分为药品上市前检查（pre-marketing inspection）和药品上市后检查（post-marketing inspection）。

在医药业飞速发展的今天，一支具有公共精神和精湛业务技能的专职药品检查员队伍对于任何一个医药强国都必不可缺，目前世界主要发达国家和地区基本都建立了专职药品检查员制度，而我国当前的药品检查员队伍则以兼职为主，为执行各类药品检查从各级医疗机构、药品检验机构、药品审评机构、药品监管机构中抽调技术骨干，这种制度存在一定不足：①检查员分属不同机构的不同岗位，存在检查任务与岗位职责的潜在冲突，抽调与出勤面临困难，药品检查组织机构在抽调过程中需要付出大量组织协调成本；②检查员不能集中统一管理，无法制定系统而有针对性的培训计划，同时面临双重任务，没有过多精力钻研检查业务，不利于专业能力的培养；③没有集中统一的检查员职业发展通道设计，随着检查员在原单位岗位调整，检查员资源面临较大流失风险；④检查员来自多个机构，客观上增加了外部影响的渠道，其独立性和公正性无法得到保障。

为了完善兼职药品检查员制度，推动我国从医药大国向医药强国迈进，国家正在着手建立职业化药品检查员队伍。在建设职业化药品检查员制度的过程中，借鉴发达国家的一些先进经验，可以使我们避免走一些不必要的弯路，加快职业化药品检查员制度建设和实施速度。日本在建立职业化药品检查员制度过程中十分重视西方先进经验与本国国情相结合，其检查员制度具有不同于美国、欧洲等国的一些特点，能够很好地推动本国医药产业发展，值得我们学习和借鉴。

7.1 日本药品检查员制度

7.1.1 日本药品检查员部门管理体制

日本药品检查员管理主要涉及厚生劳动省（Ministry of Health, Labour and Welfare, MHLW）、医药品医疗器械综合机构（Pharmaceuticals and Medical Devices Agency, PMDA）及地方药品监管机构（prefectures）。厚生劳动省是日本药品政府监管部门，负责药品政策制定和行政审批事宜，对药品监管负总体责任。总体上，厚生劳动省不直接执行药品检查任务，只有其8个地方分支会执行一小部分有因检查（for-cause inspection）。大部分药品检查由分属于医药品医疗器械综合机构和47个都道府县的药品监管机构的检查员完成，医药品医疗器械综合机构是独立行政法人（incorporated administrative agency），厚生劳动省通过法律或指导标准授予其权力执行药品检查事宜,地方政府药品监管机构同样由法律授予药品检查权力,同时赋予一定人财物自治权力。医药品医疗器械综合机构和地方政府药品监管机构的检查员根据不同药品类别进行分工,如《药品生产质量管理规范》检查中新药、放射性药物、生物制剂及境外药品检查由医药品医疗器械综合机构的检查员实施,其他药品检查由药品企业所在地的地方政府药品监管机构实施。

医药品医疗器械综合机构的药品检查员分属于药品审查部门和安全部门,药品生产质量管理规范,基因、细胞、组织类产品生产质量管理规范(good gene,cellular,and tissue-based products manufacturing practice,GCTP)合规性检查由安全部门下辖的制造/质量和合规办公室(Office of Manufacturing/Quality and Compliance)负责;药物非临床研究质量管理规范、药品临床试验管理规范和药品上市后研究质量管理规范(good post-marketing study practice,GPSP)合规性调查由审查部下辖的非临床和临床合规办公室(Office of Non-clinical and Clinical Compliance)负责。就检查员团队而言,由分管办公室总监领导,并辅以安全官进行监督,办公室总监下辖若干检查组和负责检查计划管理的部门,每个检查组由2~4名检查员组成,设组长1名。

7.1.2 日本药品检查员招募

日本药品检查员招募主要通过公开招聘方式进行。医药品医疗器械综合机构人力资源部根据其中期目标制定相应的人力资源发展计划,从而确定专业人员和行政人员的发展规模,药品检查员作为专业人员纳入发展计划。人力资源部每年会到高校进行招聘活动,还会向医学院、医疗机构、研究机构发放宣传册和招聘海报,一些招聘信息会在医药品医疗器械综合机构网站上发布,人力资源部组织对申请人员的测试并确定录取人员。新录取的药品检查员需要经过专业培训后方可从事药品检查工作。这些药品检查员一般具有兽医或药学相关教育背景,一部分具有药师、医生、牙医、兽医资质,有的具有从事药事管理的经验。

7.1.3 日本药品检查员的职业发展

日本药品检查员职业发展的通道主要定位于培养专业人才而非行政人员，围绕这一定位建立起相应的教育培养制度。日本药品检查员总体上分为总监（director）、高级检查员（senior inspector）、领头检查员（lead inspector）和普通检查员（inspector）四级。不同级别的药品检查在中央和地方及不同部门之间配置不同，如关西分部只设置了几名普通检查员和高级检查员。为了将药品检查员培养为专家型人才，医药品医疗器械综合机构针对每一级别的检查员都建立了立体化的教育培训制度，培训方式多元，培训周期跨越检查员职业发展的不同阶段，具有针对性、持续性、国际性的特点（见图7.1）。医药品医疗器械综合机构会对新招募的检查员进行系统培训，培训内容主要有药品发展、药品监管法规与管理规范、检查程序、数据完整性、人际沟通、档案管理等。培训过后检查员会在有经验的前辈指导下开始药品检查工作，从书面审查逐渐参与现场检查，检查过程中的前辈指导是一种较为有效的培训方式。在获得一定经验后，医药品医疗器械综合机构会将检查员送到国立保健医疗科学院、日本注射剂协会等机构进行药品知识的系统学习，并在后期安排到药厂实习。除了针对检查员个体进行的培训外，医药品医疗器械综合机构也会定期安排检查员集体培训，主要形式为专家讲座、案例研讨、模拟检查等。近年来，医药品医疗器械综合机构高度重视检查员国际交流工作，举办了一些高规格的国际研讨活动，也派送检查员参加国际人用药品注册技术协调会、国际制药工程协会、美国注射剂协会、世界卫生组织等国际组织的活动，并到其他国家的药品监管机构进行交流学习。

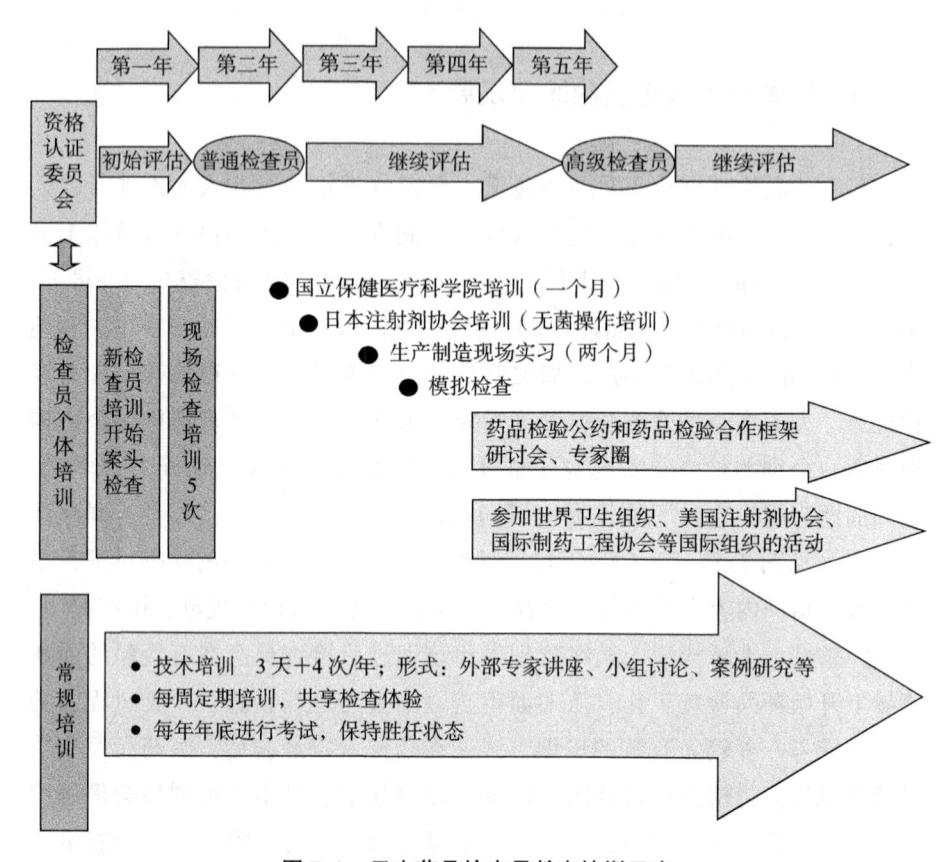

图 7.1　日本药品检查员教育培训示意

资料来源：HARA K. Risk based approaches in the Japan-GMP Regulation[EB/OL]. (2015-03-11)[2020-06-18]. http://www.pmda.go.jp/files/000204340.pdf.

7.2　日本药品检查员制度的主要特点

7.2.1　独立行政法人之优势

独立行政法人是日本于20世纪80年代在新公共管理运动背景下进行政府改革创新的产物。新公共管理运动重要发源地英国针对政府机构臃肿、效率低下等问题提出的改革措施之一就是将政策制定与执行相分离，设立专门的执行局（agency）专司政策执行以提高效率，执行局具有相当的自治权力。日本在学习英国做法的基础上，针对具有一定公共性但政府又没必要直接提供的事务建立富有特色的独立行政法人制度，这一制度十分契合药品检查这一专业服务提供的特点，其优势主要表现在以下方面。

7.2.1.1　独立性

日本独立行政法人制度是一种目标管理的制度设置。政府主管部门除了对其事业发展的目标和方向进行规定、对其业务运营进行必要监督、对其经营绩效定期做出评估之外，对其日常业务活动则一般不再干预。❶ 独立行政法人的运作的基本框架、职员身份、监督管理等事项由独立行政法人通则法进行规定，通则法规定由政府主管部门拟定独立行政法人中期目标（一般 3~5 年），业绩评价由各省（内阁部委）的独立行政法人评价委员会和总务省的政策评价与独立行政法人评价委员会先后进行。在具体管理上，独立行政法人则是相对自主的，其资金和人事管理等可随目标和发展形势进行调整，业务也很少受到政府部门干预。这种相对独立的制度设置可以保障日本医药品医疗器械综合机构能够独立自主地开展业务，检查员受到的外部压力较小，其检查结果的公正性得以保障。

7.2.1.2　淡化官僚色彩

英国的执行局不是企业组织，其职员是公务员。日本与英国不同，采用了法人制度，职员基本上是非公务员身份，只有部分例外是公务员身份，而且在中期评价后多改为非公务员身份。❷ 日本医药品医疗器械综合机构的职员称谓是企业法人常用的称谓，职员之间淡化官僚色彩，药品检查员虽然划分为不同级别，但主要是依据专业能力划分，不同级别的检查员之间并无明确的命令指挥关系，检查员和行政后勤人员之间也是协作关系。这种制度设置和组织义化有助于专业人才的培养，使药品检查员的职业发展愿景向着专家努力，而非行政职务晋升。

---

❶ 朱光明. 日本独立行政法人化改革及其对中国的启示 [J]. 国家行政学院学报，2005（2）：87-90.
❷ 毛桂荣. 日本独立行政法人制度述评 [J]. 公共管理研究，2009（7）：195-215.

7.2.2 不断因应环境之变化

近年来，日本为了促进药品创新并提升药品质量安全，对药事管理法及有关管理规范都进行了修订。医药品医疗器械综合机构为因应这些变化，不断对内部进行改革，药品检查制度也在不断改进。一是对药品检查内设机构进行调整，如设立细胞与组织类产品审批办公室、亚洲培训中心，将合规审查办公室改为非临床和临床合规办公室等。这些新增或调整的机构，有的增加新的药品检查类别，有的为药品检查提供行政支持，有的具有药品检查培训职能。二是大幅度增加包括药品检查员在内的专业人才的人数。2004年医药品医疗器械综合机构成立之初有256人，此后逐年上升，2014年已达753人，其中，负责审查的专业人员532人。计划到2018年，在日本普遍裁减公务人员的前提下，医药品医疗器械综合机构人数要提升到1065人。所以，医药品医疗器械综合机构的工作人员虽然待遇与公务员基本一致，但医药品医疗器械综合机构的人数并不受编制的限制，它根据市场和实际的需要，遵循的法律是针对独立行政法人制定的法律。[1] 日本药品检查员这种制度上的弹性使其管理体制和人员规模能够适应不断变化的行业发展形势和监管制度环境。

7.2.3 培养药品检查人才与协调国际规范之统一

随着医药产业的全球化发展，药品检查互认成为提升国与国之间药品检查效率的重要议题。为了在促进产业发展的同时提升监管效率，日本近些年将协调国际规范和培养药品检查人才有机联系起来，收到了很好效果。一方面，日本积极推进与外国及国际机构的药品检查协调互认工作，主要做了以下方面工作：一是加强国与国之间的协调，通过向国外药品监管机构派驻联络官、交换药品检查报告、实施联合检查等活动增进与其他国家之间药品检查规范的相互理解与协调，并努力签订检查互认协议。目前，日本与瑞典、荷兰、英国、瑞士等国已签订《药品非临床研究质量管理规

---

[1] 王勇. 日本药品审批独立行政公法人制度［J］. 中国党政干部论坛，2016（3）：59-61.

范》检查互认协议[1],与欧盟已签订《药品生产质量管理规范》检查互认协议。[2] 二是加强与药品检查国际机构之间的协调。日本为了加入国际药品检查合作计划(pharmaceutical inspection convention and pharmaceutical inspection co-operation scheme,PIC/S)——一个主要由欧洲国家主导的《药品生产质量管理规范》检查合作框架,历时两年对本国的《药品生产质量管理规范》检查系统进行了调整升级,包括对中央和地方的药品检查员开展培训、修订《药品生产质量管理规范检查手册》、设立各级药品检查机构检查员代表参加的《药品生产质量管理规范》调查当局委员会并建立定期议事协调制度等,并于2014年7月成为PIC/S的成员。在《药品非临床研究质量管理规范》检查方面,日本以经济合作与发展组织规范为参照进行不断修订调整,目前其《药品非临床研究质量管理规范》和调查程序基本上与经合组织保持一致。[3] 三是主动建立国际性组织协调与外国药品检查规范。日本在这方面有过成功经验,是国际人用药品注册技术协调会的发起国之一。2016年4月1日,日本在医药品医疗器械综合机构内部专门成立了药品和医疗器械监管事务亚洲培训中心(the Asia Training Center for Pharmaceuticals and Medical Devices Regulatory Affairs,PMDA-ATC),该中心旨在增进亚洲监管机构和药品检查员之间的交流与协调。

另一方面,在协调与外国药品检查规范的过程中,日本十分注重对药品检查员的培养,创造各种条件来提升药品检查员的国际视野和综合能力,主要途径是让药品检查员参与与国外药品检查规范的沟通协调活动。一是派遣检查员参加各种国际性的协调交流活动,如经济合作与发展组织、国际人用药品注册技术协调会、国际药品检查合作计划组织、美国、欧盟等组织的各种交流活动。二是派遣检查员担任联络官到一些国家药品监管机构执行情报收集与信息交换工作。三是积极将一些药品检查协调活动放在日本国内开展,并对国内检查员开放。2013年10月,日本作为东道国第一

---

[1] 郭志鑫,李见明. 中国与日本、OECD"GLP"规范的比较[J]. 中国药事,2008(5):361-383.

[2] Japan-EC mutual recognition agreement[EB/OL]. (2018-07-18)[2018-12-03]. http://www.mofa.go.jp/region/europe/eu/agreement.html.

[3] ANAHARA R. Good laboratory Practice inspections in Japan between fiscal years 2009—2011[J]. Therapeutic innovation & regulatoryence,2013,47(4):424-429.

次组织了经济合作与发展组织的《药品非临床研究质量管理规范》检查培训会议。药品和医疗器械监管事务亚洲培训中心成立以来，经常将亚洲各国监管机构的药品检查员组织到日本培训，许多培训日本检查员均可参加。四是直接组织旨在提升药品检查国际视野的培训，如在申请加入国际药品检查合作计划过程中对国内药品检查员开展的提升培训。

7.3 对我国职业化药品检查员制度建设的启示

7.3.1 系统推进

职业化药品检查员制度建设是药品监管制度建设的一项重要内容，日本在推进药品检查员制度建设的过程中十分重视顶层设计、系统考量，将其纳入人力资源发展战略、国际化战略、机构改革等发展规划，落实到各项制度建设中。当前，我国还没有系统的药品检查员建设方案，只出台了《药品检查员协调使用暂行规定》等一些具体的管理办法，在其他的监管制度建设方面较少涉及，未进行系统设计。在下一步推进药品检查员制度设计时，我国应将其与药品监管其他制度建设有机结合起来整体考虑，在人力资源、机构设置、合作交流、信息技术等各个方面为药品检查员创造有利于健康发展的环境。

7.3.2 提升职业荣誉感

日本药品检查员作为专业技术人员享有十分高的荣誉及相关福利保障，并不将官阶晋升当作职业发展目标，成为受人尊敬的专家是每个检查员自我实现的标志。当前，我国各地药品检查员人事制度设置不一，有的地方是行政编制，有的地方是事业编制，还有的地方作为第三方机构人员提供政府购买服务，相关薪酬福利制度也存在差异，由于地区差异存在，导致检查员在不同地区之间流动。我国可考虑对检查员人事制度做出统一规定，对检查员分类、待遇、交流做出规定，从制度上引导检查员将专业技术提升作为职业发展的目标。同时，还应科学配置行政后勤力量，为检查员提供专业、可靠的后勤保障。

7.3.3 保障独立检查权限

药品检查员的权威来自独立、公正的专业检查，日本独立行政法人等制度能够较好地规避利益冲突，保障检查员只忠于法律法规。中国药品检查员在实际检查工作中有时会遇到人情或权力干预的情况。当前，地方交叉调用的方法有一定可取性，但也存在一定弊端，如借调的协调成本较高、长期出差与家庭生活的矛盾等。可以考虑借鉴日本的经验，按药品种类和检查难度对中央和地方检查员业务进行划分，由中央检查员执行难度较大的检查业务。另外，在检查员管理体制上，尽量弱化药品监管机构与检查员团队之间的主管领导关系，代之以目标管理机制，使其在法律授权范围独立开展检查业务。

7.3.4 提升检查员的外部适应力

日本药品检查员的能力较好地适应了日本药品产业发展和国际化的需要，这种适应性源于两个方面经验：一是灵活的人事制度，可以根据实际需要不断壮大检查员力量；二是瞄准国际水平，不断提升检查员赖以开展检查的规范依据。我国当前推进职业化药品检查员建设，只是将检查员列入行政或事业编制管理，在建设初期比较容易得到编制部门审批，但在编制数量审批以后囿于编制管理制度，其人员数量也就相对固定下来，其灵活性和适应性较低。另外，我国现行的一些药品检查规范由于修订比较滞后，还未达到国际领先水平，基因、细胞、组织类等较为先进的产品管理规范还未健全，没有先进的检查规范指引，高水平的检查员就无从谈起，检查员在国际交流中的职业自信也会受到影响。因此，可围绕提升检查员制度的适应力，将检查员人事制度创新和检查规范国际化提上日程。

第 8 章 "互联网+监管"：网络保健食品监管研究

保健食品作为《中华人民共和国食品安全法》监管的"特殊食品"中的一类，近年来受到越来越多的追求营养健康的中国消费者的青睐，成为年产值约 4000 亿[❶]的朝阳产业。随着互联网的兴起和国家"互联网+"战略的实施，保健食品产业与互联网正在向深度融合方向发展，并给安全监管带来挑战。

8.1 网络保健食品发展现状

在人均国内生产总值不断增长、老龄化社会到来、中等收入群体兴起、《"健康中国 2030"规划纲要》发布等一系列利好因素综合作用下，我国保健食品行业正在快速发展。保健食品的销售渠道主要分为直销、药店、电商、商超等。当前，国内市场占主导地位的仍是以安利代表的直销模式和以汤臣倍健为代表的非直销模式，但随着互联网的快速发展，传统营销模式正受到电商的冲击，从近年销售数据来看，电商是增长最快的渠道。

互联网从两个方面给中国保健食品产业格局带来变化。一方面，随着经济全球化和电子商务的发展，跨境电商保健食品零售业务崛起。2012 年国家发展和改革委员会正式批复同意海关总署在上海、重庆、杭州、宁波、

---

❶ 刘云涛. 严把特殊食品安全关推动产业健康发展——访国家食品药品监督管理总局特殊食品注册管理司司长王红［N］. 中国医药报，2017-08-11（1）.

郑州5个城市试点开展跨境贸易电子商务信息化、便利化监管服务，其跨境零售进口业务中多是按照物品监管的方式，征收行邮税，且品类准入的尺度放得较宽。这实际为处于灰色地带的"海淘"市场提供一条合法进入国内的通道。随之引发投资热潮，跨境电商也迅速兴起，同时在发展竞争下其他一些城市也纷纷申请纳入试点，试点城市不断扩容。跨境电商进口保健食品市场爆发式增长，美国、加拿大、澳大利亚一些美誉度较高的保健食品被动地在中国市场异军突起，如澳大利亚保健食品企业BLACKMORES 2016财年收入7.17亿澳元，对中国市场的依赖度达35%；Swisse 2015年在阿里平台实现收入7.1亿元，对中国市场的依赖度为40%；COMVITA 2016财年收入2.02亿新元，对中国市场的依赖度达60%。❶ 由于这种过快发展的跨境电商进口模式存在威胁国家税制统一、造成内外企业不公平竞争、冲击实体经济等不利因素，2016年4月8日财政部、海关总署、国家税务总局联合发布的《关于跨境电子商务零售进口税收政策的通知》开始收紧政策，但由于市场过大，新政一再缓期实施，一直到2018年年底，三部门才颁布《关于完善跨境电子商务零售进口税收政策的通知》，在适当提高单次交易限值和年度交易限值的基础上开始执行关税和进口环节增值税、消费税。

另一方面，为适应互联网发展趋势，国内保健食品企业也主动或被动向互联网融合发展转型，其策略主要包括自建网络平台开展保健食品经营业务，如开发网站、App、微信账号、微博账号进行网络营销；将保健食品经营业务拓展至第三方网络平台，如在淘宝或京东等知名电商开店经营；通过资本运作，收购或者参股跨境电商进口保健食品明显产品企业，如汤臣倍健股份有限公司2016年注巨资与美国营养品巨头NBTY公司成立合资公司，曲线获得这些明星品牌在中国市场的永久经营权和商标使用权。❷

---

❶ 徐亚静. 营养保健食品市场，谁是风口上的"猪"[N]. 中国医药报，2016-12-08（7）.

❷ 赵兵辉. 保健品线上销售将占半壁江山[N]. 南方日报，2016-03-25（B02）.

8.2 网络保健食品市场存在的安全风险

8.2.1 产品质量参差不齐

由于市场的快速发展,监管力量一时还不能完全覆盖。其中,通过网络销售的产品存在质量问题较多。个别经营者为了牟取暴利置消费者健康安全和正规企业商标权于不顾,将在小作坊里生产的"山寨"产品贴上名牌商标在网上进行售卖。

8.2.2 一些进口保健产品游离于监管之外

进口保健食品进入我国市场需要按规定进行注册或者备案。❶通常情况下,为获取"蓝帽子"(保健食品注册证),海外品牌平均需要为每个产品品种支付50万~100万元成本,且审批需1~2年。❷为了以最快的速度、最低的成本占领中国市场,一些国外保健食品生产或经营企业通过曲线方式进入中国网上保健食品市场。但有的保健食品通过我国食品药品监督管理总局网站并不能查到其注册备案资质。这些进口保健食品以普通食品名义进入中国,借助近年跨境电商试点探索期监管宽松的政策环境"野蛮生长",在出现问题或者政策动向变动时玩起文字游戏,如某进口保健食品品牌的鳕鱼肝油产品被曝涉嫌违规时就悄然从跨境电商下架,并对外宣传所售产品为美国进口的膳食补充剂,非保健食品。❸

---

❶ 2015年版《中华人民共和国食品安全法》修订之前,进口保健食品和国产保健食品一样需要进行注册,2015年版《中华人民共和国食品安全法》修订后规定,首次进口的保健食品要经国家食品药品监督管理总局注册,但首次进口的保健食品中属于补充维生素、矿物质等营养物质的只需经国家食品药品监督管理总局备案。

❷ 刘宇,郭秀娟. 保健品巨头紧盯中国买家 [N]. 北京商报,2017-02-21 (C3).

❸ 赵平,张荣旺. 自然之宝抢食中国市场涉嫌违规 [N]. 中国经营报,2014-04-07 (C16).

实际上，虽然发达国家的"保健食品"定义表述和中国有所不同，但其外延所指仍有不少重合，在监管机构和消费者之间也有广泛共识。另外，发达国家保健食品安全监管宽严不同，有的需要进行严格审批，有的只需简单备案即可，虽然生产国大都有良好的市场经营环境、完善的社会诚信体系背书，但保健食品并不是都没有安全方面问题，有的问题也很大，只是没有被放大而已。一项对美国食品药品监督管理局监管数据的分析发现，2003年1月1日至2008年10月31日，美国共有3502例与保健食品相关的不良反应报告，造成142人死亡。❶

8.2.3　虚假夸大宣传问题突出

上海市工商局广告监督管理处在对综合选取的影响力较大的20个新闻类、搜索类、视频类、社交类、购物类、垂直类App发布的258条次广告进行了监测，发现严重违法广告43条次，严重违法率16.67%，广告违法类别主要集中在房地产、保健品和化妆品。垂直类移动应用发布的广告违法率高达63.33%，主要集中在房地产和保健品广告。❷

8.3　网络保健食品安全监管存在的难题

一方面，互联网经济具有开放性、共享性、传播快的特点，可以将众多的市场主体整合起来实现即时交易，大大降低了市场交易成本；另一方面，互联网经济具有虚拟性、跨界性的特点，其放大了传统市场经济信息不对称的缺点，给建立在地域分界、部门分工、层级节制的传统监管模式带来挑战。

---

❶ ZAKARYAN A, MARTIN I G. Regulation of herbal dietary supplements: is there a better way? [J]. Therapeutic innovation & regulatory science, 2012, 46(46): 532-544.
❷ 上海市工商局广告监督管理处. 移动互联网广告及其监管研究综述 [J]. 中国广告, 2015 (2): 133-139.

8.3.1 跨地域监管挑战

互联网整合了保健食品的供应链条。一个网上商户背后联系着分布在不同地区的链条参与者，如持有保健食品批准证书的委托生产企业、生产企业、网络经营平台、入驻平台的经营者等众多主体，一些假冒伪劣产品还可能涉及违禁原料供应商、黑窝点等参与者。在实际投诉举报案件查处过程中，需要多方查证才能对一个违法行为进行处罚，通常收到投诉举报的地方食品稽查部门需要发函给保健食品生产、流通企业所在地的食品稽查部门，由其代为查证，协查过程既耗时耗力，也可能遭遇消极反应、地方保护等风险，为违法犯罪分子转移阵地带来可乘之机。

8.3.2 网络执法挑战

网络经营平台还存在一定规避监管的做法，如监管机构以匿名方式进行网络巡查与监测时，如果查看资质页面超过一定次数，监管工作人员的 IP 和账号会被锁死，甚至加入黑名单，24 小时内无法再进行相关资质审查。[1] 此外，对未经审批经营者的监管力度还有待加强。

8.3.3 部门协同挑战

在互联网条件下，保健食品传统分段式的供应链已经完全打通，但各监管部门之间还是以传统监管分工为主，各管一段，未建立起充分协同的治理机制。在网络保健食品监管中，广告监管方面涉及食药、工商等部门；执法处罚方面涉及食药稽查、公安、食品技术检验等部门；信用监管方面涉及发改、工信、商务、公安、食药等部门；在跨境电商保健食品监管中，有权对跨境电商实施监管的部门多达 16 个，彼此各建数据库和监管系统，

---

[1] 周岸华. 论互联网法 [R] //中国法学会行政法学研究会. 互联网规制与治理的法律问题研讨会论文集. 杭州：中国法学会行政法学研究会，2017：11.

各职能部门间缺乏沟通,多头监管、重复管理、浪费执法资源的现象时有发生。❶

8.3.4 法律协同挑战

互联网保健食品监管涉及《中华人民共和国广告法》《中华人民共和国电子商务法》《中华人民共和国食品安全法》《中华人民共和国消费者权益保护法》《中华人民共和国侵权责任法》《网络食品安全违法行为查处办法》等诸多法律法规,但有些法律法规还存在不一致的地方,如新通过的《中华人民共和国电子商务法》第三十八条第二款规定:"对关系消费者生命健康的商品或者服务,电子商务平台经营者对平台内经营者的资质资格未尽到审核义务,或者对消费者未尽到安全保障义务,造成消费者损害的,依法承担相应的责任。"这与《中华人民共和国食品安全法》所规定的连带责任相矛盾。按照前者规定,消费者需要在法院判定电商平台和平台内经营者责任后再进行追偿;而按照后者规定,消费者既可以向平台提出追偿,也可以向平台经营者提出。

8.4 网络保健食品监管对策建议

8.4.1 建立健全电子商务诚信体系

保健食品监管要实现从传统监管时代向互联网时代转型,监管部门需要从过去单纯管主体、管行为、管产品,转变为更多地管信息、管信用,其中,信用监管是关键。要建立集成网上经营行为违法记录、消费者评价投诉等多方面信息的信用记录库,既要包括网络平台企业,也要包括平台商户,针对二者审查责任和主体责任设置信用数据搜集重点,提高监管的

---

❶ 李弘,谢雷,冷恩光. 我国跨境电子商务发展现状与监管对策研究[J]. 中国工商管理研究,2015(10):38-42.

针对性、有效性。要将信用监管落实到人，防止个人利用重复注册的方式从事违法经营。

8.4.2 推进实施智慧监管

在互联网时代，保健食品监管面对海量的监管数据靠人工根本无法满足监管需求，必须依靠人工智能，推进智慧监管。要开发大数据平台，将保健食品线上线下信息整合起来，并实现分析、预警等功能。相关的信息主要包含保健食品注册备案信息、广告审批、生产商信息及其日常抽检检查信息、网上商户信息、消费者投诉和不良反应信息，通过关键词抓取、快速比对及相关分析，实现对互联网保健食品违法行为的快速识别和预警。要加强培养数据分析人才，建立一支职业化的电子监管队伍。

8.4.3 加强部门和地区之间的协调

要建立上述保健食品监管信用体系、监管数据库系统等，以及实现全国范围内的快速监管执法，必须打通地区和部门之间的障碍，实现资源共享和监管互认。这需要冲破部门和地方利益的束缚，做好顶层设计，要统一各监管部门的数据搜集标准，实现数据库的无缝衔接，探索建立集合各种监管信息的云平台，相关监管部门可以即时登录查询。另外，还应通过建立健全地方监管执法机构电子即时联系机制，应用电子签章手段提高跨地区监管执法协调的效率。

8.4.4 对出口我国的外国相关产品进行认定

应根据《中华人民共和国食品安全法》关于"保健食品"的定义对国外相关产品进行认定，可对国外法律定义小于我国保健食品的某类相关产品进行直接认定，如膳食补充剂产品，也可建立认定目录清单进行具体认定，并不断进行更新发布，从而降低互联网相关国外产品规避我国法律带来的安全隐患，也有利于营造公平竞争的行业环境。

8.4.5 对相关法律和监管政策进行协调

应对前述涉及互联网保健食品的多部法律法规进行修订完善，使其协调一致。这是一项系统工程，短期内可通过法律解释澄清各界认识。另外，应加快研究跨境电商监管政策，从国内统一市场、行业健康发展等长远角度制定稳定的监管政策，过渡期多次延长会给行业造成随着跨境进口市场增长过渡期政策会再次延长或发展为长期政策的预期，不利于行业长期发展，甚至一旦过渡期政策停止会造成行业震动。

第9章 监管战略：国家食品安全战略的制定

党的十八届五中全会报告提出要推进健康中国建设，强调实施食品安全战略，党的十九大报告再次强调要"实施食品安全战略，让人民吃得放心"。正在制定的食品安全战略作为指导我们未来一段时期食品安全领域的行动纲领，应高度体现前瞻性和科学性。下面探讨制定和实施食品安全战略的几个重要问题，以期对实践有所助益。

9.1 食品安全与食品安全战略

食品安全概念体系包括食品数量安全、食品质量安全和食品营养安全三个层次。[1]食品数量安全是指食品供应的数量能够满足人的生存需求，其政策目标在于通过发展生产来保障食品的供应能够满足人的生存需求；食品质量安全是指食品的品质能够达到一定质量标准，对人体健康不造成任何急性、亚急性或者慢性危害，其政策目标在于通过对食品品质的严格监管来保障食品的品质；食品营养安全是指人从食品中所摄取的各种营养充足而又均衡，避免由于营养不足或失衡造成发育迟缓、过度肥胖、免疫力低下或其他疾病，它与食品数量安全有一定区别与联系，食品供应数量不足必然导致营养不足，但从发达国家食品安全与营养学发展历程来看，营

---

[1] HANNING I B, BRYAN C A, et al. Food safety and food security[J]. Nature education knowledge, 2012, 3(10):9.

养安全主要是指阿德勒·戴维斯（Adelle Davis）所称的工业化时代"相对营养过剩，绝对营养不足"意义上的食品安全，其政策目标在于从人的膳食结构和膳食行为方面采取干预措施来促进人的健康发展。三个概念只有角度和重心不同，不存在重要性的轻重问题，但从各国发展历程来看，三个概念所指涉的食品安全问题作为社会问题依次显现并先后进入社会关注和政府议程范围。

食品安全战略是一个国家针对特定时期的主要食品安全问题采取行动的一致性框架❶，属于上层建筑，必须适应经济基础的要求，不同的经济基础对食品安全战略选择的要求也不同。FDA前首席律师彼得·巴顿·哈特（Peter Barton Hutt）总结了美国政府在食品安全方面不断承担越来越多的责任，"近一个世纪以来，政府在确保食物供应的完整性方面承担了很重要的作用。当然，规制职能的重点总是随着时间的变化而发生演进。最初，政府主要是打击市场上的掺杂造假；很快，政府的职责就扩大为建立一套机制驱除不安全食品的销售。随着营养学作为一门科学发展起来，政府又承担了保护食物供应营养完整性的职责"。❷ 但实际上层建筑在适应经济基础的变化过程中通常会滞后于经济基础，呈现出一定的时间滞后性，通常一个国家会在食品安全出现某方面问题一段时间后，食品安全由于偶然事故、社会舆论等政策窗口打开才会上升为国家战略。

9.2 制定国家食品安全战略的三个重要问题

9.2.1 如何在我国食品安全的发展历程中定位食品安全战略

制定战略需要全面考虑过去、现在和将来。以将来为导向为组织提供

---

❶ World Health Organization. Advancing food safety initiatives: strategic plan for food safety including foodborne zoonoses 2013—2022[R]. Geneva: WHO, 2010: 1-10.

❷ 邱琼, 欧阳俊. 关于加强食品安全政府监管的若干思考[EB/OL]. (2016-12-09)[2018-01-12]. http://politics.rmlt.com.cn/2016/1209/451165_2.shtml.

一个具体目标（target），它将影响组织的行动，使其达到长期目标（long-run aims）服务。❶ 根据数量、质量、营养安全三个概念层次，结合国内外食品安全治理历程，可以将我国食品安全治理历程划分为初、中、高三个阶段，每个阶段的食品安全战略的任务也不同。

9.2.1.1 初级阶段

这一阶段食品安全治理的重心是解决食品数量安全问题。当然，这并不表明在这一阶段不存在其他食品质量安全、营养安全问题（其他阶段情况类似），实际上在任何阶段都存在三个问题，而我们划分阶段的主要依据是食品安全问题的主要矛盾。在这一阶段，食品安全领域的主要矛盾是人民群众的基本食品需求与食品供给量之间的矛盾，这是我国这一阶段社会主要矛盾在食品安全领域的具体体现。这一阶段的战略任务应是发展生产力，增加食品供给。新中国成立以来，党和政府十分重视食品安全问题，重视通过发展农业和副食品满足人民群众的食品需求，也提出了相应举措来实现目标。党的十三大提出的"三步走"战略，虽然没有直接表达为食品安全战略，而是更宏观的发展战略，但从实际内容来看，其前两步目标直接或间接地涵盖了食品安全的概念："温饱"是指衣食需求得到初步满足，但尚有不足；"小康"在《辞海》中是指"家庭生活比较宽裕，可以安然度日"。因此，从食品安全来看，"三步走"战略的前两步也是实现食品数量安全的过程，其途径主要是通过发展生产力解决食品供给问题。

9.2.1.2 中级阶段

随着"三步走"战略前两步的顺利推进，我国生产力快速发展，20世纪末，农业和农村经济发展进入了新阶段，实现了农产品供给由长期短缺到总量基本平衡、丰年有余的历史性转变。❷ 食品数量安全作为我国食品领域的主要矛盾得以基本解决，一些贫困地区仍存在的食物贫乏问题，主要

---

❶ 纳特，巴可夫. 公共部门战略管理 [M]. 陈振明，等，译. 北京：中国人民大学出版社，2016：40.

❷ 国务院办公厅. 国务院办公厅关于印发中国食物与营养发展纲要（2001—2010年）的通知 [EB/OL]. (2001-11-03) [2018-01-08]. http://www.gov.cn/gongbao/content/2001/content_61214.htm.

是社会分配问题。我国食品领域的主要矛盾由总量矛盾转变为质量矛盾，矛盾的主要方面表现为食品品质不高。由于当时食品安全法制、标准和监管体制落后，食品加工生产中的制假掺假、低质劣质、食品添加剂问题开始显现，并以食品安全事件的极端形式爆发。加强监管成为政府刻不容缓的紧迫任务，2009年《中华人民共和国食品安全法》出台，食品安全监管体制也进入改革，当时的食品安全语境和法律含义也主要聚焦于食品质量问题，并一直延续至今。

与上一阶段解决食品数量安全问题主要靠发展生产力的方式不同，这一阶段解决食品质量安全主要靠升级食品安全治理体系，推进并实现食品安全治理体系和治理能力现代化成为现实选择。在实际治理过程中，政府为此做出了巨大努力，也取得了一定成绩。但是，食品安全风险仍然存在。食品安全治理需要长期不断的努力。党的十八届五中全会提出实施食品安全战略，食品安全"十三五"规划也随即发布。结合党的十九大关于我国发展战略的新安排，应将解决食品质量安全的战略期初步设定到2035年，因为国家治理体系和治理能力现代化对中国来说是继"四个现代化"之后的"第五个现代化"，也是最根本意义上的现代化[1]，在2035年我国基本实现现代化任务时，应基本完成包括食品安全治理在内的国家治理体系和治理能力现代化。

9.2.1.3 高级阶段

食品安全的最终目标是通过保障国民从食物中获取充足、合理的营养来提升国民的健康水平。从西方食品安全历程来看，营养安全议题稍晚于质量安全，但这并不意味营养安全治理一定要等到食品质量安全问题基本解决以后再进行，西方国家营养治理稍晚主要与营养科学发展的进程及人们的认识滞后有一定关系，实际上适时早一点开展营养治理，有助于解决质量安全问题，还可以一定程度地避免营养问题恶化，但从食品安全政策上讲，议题不同，侧重不同，政策倾向确实存在一定矛盾冲突。比如，如果食品质量得以较好解决，政府监管和企业自律处于较高水平，那么营养保健食品等对营养

---

[1] 虞崇胜，唐皇凤. 第五个现代化——国家治理体系和治理能力现代化[M]. 武汉：湖北人民出版社，2015：2.

安全有益的产业就可以降低门槛，实行较为宽松的备案制，而在食品质量问题仍然没有较好解决的国家，较为严格的注册制可能就成为不得不面临的选择。营养安全政策需要根据每个国家的国情适时推进。

当前，食品质量安全问题经过一段时期治理虽整体向好，但仍存在系统性风险，需长期治理。同时，营养安全问题开始凸显，2000年、2005年、2010年和2014年进行的四次国民体质调查显示，肥胖增长率分别为8.6%、10.3%、12.2%、12.9%，超重增长率分别为37.4%、39.2%、40.7%、41.2%。[1] 近些年的慢性病统计也显示，高血压、糖尿病等慢性病发病率也呈上升趋势。2012年成人高血压患病率已达25.2%，糖尿病患病率已达9.7%。[2] 两种食品安全问题相互交织、相互影响，有些食品安全问题既是质量安全问题，也是营养安全问题，食品安全问题变得更加复杂。在人民对美好生活需要日益增长的今天，我们已不能坐等食品质量安全问题得到解决再去解决食品的营养安全问题。随着"健康中国"上升为国家战略，同时开展食品质量安全和营养安全治理的契机已经到来，我们认为在制定食品安全战略时可以统筹兼顾：2035年之前，食品安全战略可将重心放在解决质量安全，大力推进食品安全治理现代化，同时兼顾营养安全目标；2035年到2050年，一方面继续巩固食品质量安全治理成果，全面实现食品安全治理现代化，同时需将重心转移至营养安全，到2050年实现社会主义现代化强国时国民素质有质的提升。

9.2.2 如何在食品安全战略框架下解决政策与治理协同问题

政策与治理协同内容涵盖方方面面，笔者认为有两个协同问题非常重要且常常容易被忽视。

---

[1] TIAN YE, JIANG CHONGMIN, et al. Body mass index, leisure-time physical activity and physical fitness in Chinese adults: a series of national surveys from 2000 to 2014[J]. The lancet diabetes & endocrinology, 2016, 4(6): 487-497.

[2] 国新办《中国居民营养与慢性病状况报告（2015）》新闻发布会文字实录[EB/OL].（2015-06-30）[2018-01-13]. http://www.nhfpc.gov.cn/xcs/s3574/201506/6b4c0f873c174ace9f57f11fd4f6f8d9.shtml.

9.2.2.1 食品数量安全、质量安全与营养安全政策目标的协同

当前，我国食品安全进入了中高级阶段，需要在兼顾食品数量安全的同时，将食品安全的重点放在质量安全和营养安全方面，但目前食品的政策框架太过零散和有限，每个部门都局限于自身利益而没有一个统领各部门从人类健康和食品安全的大局来考虑食品安全治理的思路。分管食品数量安全工作的有农业、粮食、工业、发展改革等部门，分管食品质量安全工作的有市场、农业等部门，分管食品营养安全工作的主要有卫生部门，分管进出口食品安全的主要有出入境检验检疫部门，各部门政策缺乏互补性和一致性。在"健康中国"战略背景下，制定和实施食品安全战略靠部门的单打独斗是无法应对这种挑战的，必须有一种新的整合性的、全局性的公共健康视野，将这些离散的政策领域连接起来，从食品的生产到消费的管理到食物的健康性方面进行连续性思维。只有在一体化的政策选择下，才可能使未来的食品经济能够有效地向广大群众提供食品。❶ 目前，建立一体化的协调途径主要有三条：一是以现有的食品安全委员会为平台，优化不同部门之间的协调决策，这种途径改革成本最小，但由于现平台设在食药监部门，其他部门都将其与食药监部门同等对待，由于没有级别上的优势，协调力度目前来看效果有限；二是建立部际联席会议以协调平台，这种途径需要确定会议召集人和协调主体，在"健康中国"战略统一框架下，宜由负责健康事务的部门担任，协调包括食品安全在内的健康事务；三是建立类似美国健康与人类服务部（Department of Health and Human Services）和日本厚生劳动省（Ministry of Health, Labor, and Welfare）那样的大健康管理体制，食品质量安全与营养安全政策在部门内部协调，这种途径改革的力度最大。

9.2.2.2 统一性与多样性的监管协同

有研究认为，中国的食品安全问题与规模过大有关。中国的食品安全体系规模过大，食品安全监管是在高度混杂的环境中建立一个通用的监管框架，以有效整合各治理层级的众多参与者的过程。由于政府力求在标准

---

❶ LANG T, HEASMAN M. Food wars：the global battle for mouths, minds and markets [M]. London：Earthscan Publications Ltd. ,2004：3.

治理框架的需求与接受本地制度的多样性之间寻求平衡，即食品安全体系必须在提供严格标准化的同时，适应好各地食品生产的多样性，因此发展出一个能够有效解决规模问题的监管体系是一个挑战。

中国幅员辽阔，各地地理、气候、农业生产条件、饮食文化差异较大，中西部地区、城乡地区发展不平衡。同时，食品生产经营主体规模巨大，持有许可证书的正规食品生产经营者有1000多万户，食品规模企业和个体小微企业混杂，其中80%以上是10人以下的小企业，还有2亿多农产品种植养殖户❶，小作坊、小餐饮、小摊点难以计数。从监管格局看，中央层面，由食药监、卫生、质检等多部门分管食品安全不同方面工作；地方层面，由县级以上政府负责本地区食品安全，食品监管机构由地方政府领导，有的乡镇还设立监管派出机构。不难看出，在这样庞大而又复杂的产业和监管背景下，如果没有协调而稳定的食品安全框架，监管对象与监管机构之间的博弈、监管机构之间的博弈足以消耗各种主观努力，而这些年的食品安全框架恰恰是处于变动和调整中。为了因应严峻的食品安全形势，专项整治式的监管行动频繁开展，这种运动式的治理方式虽然可以在短期内重塑公众的信心，但同长期理性的监管发展是相矛盾的，持续不断的专项行动中断了监管人员日常的监管和监测工作，其行动目标也随时在变，并不能反映基层对食品安全问题的真正关切。

作为一个长期的国家战略行动，制定食品安全战略需要在这种重大的治理框架上发力，发展理性、整合、协同的监管体系，在推进监管一体化的过程中处理好全国统一与地方多样性的协调问题。在这方面，我们可以向欧盟学习，欧盟在发展协同的食品安全治理框架时也曾遇到这样的统一性与多样性的问题，20世纪七八十年代，欧共体各国不同的饮食文化使得各国很难对食品成分或标准达成一致意见，而罗马条约要求的全体一致通过原则使得任何决定都难以达成❷，各成员国基于权力转移的担忧也都抵制建立欧盟层面的食品安全协调机构，但在抵制牛海绵状脑病（疯牛病）等政策下，欧盟最终推进了食品安全的整合，欧盟各部门之间及内部各成员

---

❶ 观点. 民以食为天 食以安为先 [N]. 光明日报, 2012-07-16 (2).
❷ 刘亚平，李欣颐. 基于风险的多层治理体系：以欧盟食品安全监管为例 [J]. 中山大学学报（社会科学版），2015 (4)：159-168.

之间在食品安全治理领域，在保留差异性的同时，为了"保障食品安全"这一共同目标进行职能整合，充分体现其协同性。❶

具体而言，借鉴欧盟经验，我们可在中央政府层面将食品安全的监管重心放在国内共同市场管理、食品安全咨询、风险交流与评估方面，将更多的食品安全监管标准制定权下放到省级层面；在政策制定方面主要集中于食品安全一般标准和原则；在省级层面，强化其在食品安全方面的责任，健全其监管体系的同时推动跨省之间的整合，建立类似欧盟食品、饲料快速预警系统的食品风险协同治理网络，这需要大力加强省级层面的监管技术能力和风险管理能力，并通过制度形式明确中央、省级监管机构、第三方机构的分工与责任。

9.2.3 如何持续提升食品安全各相关主体的能力

9.2.3.1 政府的监管能力

政府监管始终是食品安全治理非常重要的力量。我国各级政府始终重视对食品的监管。笔者认为，为进一步提升监管水平，应继续创新思路，加强顶层设计，并使具体的监管主体保持一定的稳定性。

2013年以来，食品监管体制改革最明显的特点就是与市场监管改革纠缠在一起，部门博弈对改革走向影响明显。2013年，食药监管体制改革在政府议程中占主导地位，地方在执行改革中"单设模式"占了绝大多数，但由于种种原因，一些地方发展出工商、食药、质检等部门合并的"综合模式"。2014年，商事制度、市场监管改革在政府议程中的地位开始上升，各地纷纷转向"综合模式"，并最终成为主导模式。

实际来讲，市场监管改革也很重要，是在补统一的市场经济体制的课，也是我们食品监管体制与发达国家相比的基础，其主要任务是降低和简化市场准入门槛，维护市场统一、公平、竞争，完善市场信用体系等。在现代市场条件下，食品作为一种商品，行业本身有市场监管改革的需求，需

---

❶ 李静. 食品安全的协同治理：欧盟经验与中国路径 [J]. 求索, 2016 (11)：104-108.

要对接统一的市场法律体系、信用体系，但食品作为一种关系公共安全的商品，其监管要求不同于一般商品，在西方国家属于社会监管范畴，对专业性的要求要高于一般性的市场监管。

在"健康中国"战略框架下，食品监管职能不宜简单地放入一般市场监管范畴，特别是在政策制定权较强的中央和省级层面，应独立或者与其他涉及公众健康部门一同从健康角度统筹制定食品政策。在执法层面，改革也造成既定现实，再次改回独立监管模式的机会成本也较大，暂不适宜直接否定"综合模式"。相比单独执法模式，这种模式也有一定的优势，问题的关键是尽快稳定监管人员心理预期，提升士气，快速实现"化学"融合，培养和发展专业的监管能力。

9.2.3.2 提升公民饮食健康素养

公民是现代治理体系最为重要的构成要素，公民素质的高低直接决定了国家治理绩效，而有效的制度是提升公民素质的基本手段。当前，食品安全治理进入质量安全和营养安全并重的新阶段，国民的饮食健康素养越来越显示出对食品安全治理的掣肘。一些国家对公民食育的做法或可借鉴，如日本1947年制定了《营养士法》，系统培养营养士和管理营养士专业人才，并要求学校、单位等场所配备营养士，医院配备管理营养士指导病人营养问题。这些专业的营养人才还通过广播电视、出版物等向民众普及正确的营养知识，引导人们科学消费，揭穿虚假广告。❶ 2005年，日本又制定了《食育基本法》，在内阁专门设立了食育推进机构（食育推进会议）来推进该法实施，在国民教育各个层面推进饮食教育。美国出台的一些食品监管法律本身就有公众教育目的，如1990年通过的《营养标签教育法》，是通过一场教育运动来进行的，为了执行营养标签教育行动，联邦政府及其他各界私人组织发起了全国性的教育行动计划，帮助消费者使用新标签信息改进个人饮食健康。

我国也非常重视营养教育，1989年开始发布《我国的膳食指南》（1997年改为《中国居民膳食指南》）。膳食指南的作用，一方面在于引导居民合

---

❶ 李里特. 日本的健康营养教育与管理 [R] //达能营养中心第六届学术研讨会会议论文集. 北京：达能营养中心，2003：22-26.

理消费食物，保护健康；另一方面，这些原则可以成为政府发展食物生产及规划、满足居民合理的食物消费的根据。另外，相关部门不断发起专门的食品营养教育专项行动，取得了一定的效果。在"健康中国"战略背景下，亟须制定相关国民饮食教育法，在全社会发起一场全面的健康素养提升运动，进一步加强食品安全治理水平。

9.2.3.3 提升企业内部监督力量

当前，从食品监管人员与监管对象的数量对比上看，监管力量严重不足，但是食品监管也不能寄希望于"人海"战术，那样成本太高，也增加了对监管人员管理的复杂性。实际上，只要进行一些很好的制度设计，就能激发出监督企业守法的社会力量。《中华人民共和国消费者保护法》和新《中华人民共和国食品安全法》赋予消费者惩罚性赔偿权以来，衍生出一批职业打假人，在客观上无疑促进了食品行业的规范经营。类似在发达国家普遍实行的"吹哨人"制度具有促进监管更重要的作用，因为食品安全问题的根源在于市场存在严重的信息不对称问题[1]，企业雇员更熟悉企业内部管理情况，内部举报可以很好地解决信息不对称问题，但是这一制度能够有效发挥作用的前提是制定完善的举报人保护法律。美国的《吹哨人保护法案》包含18个法规，包括环境、水、空气、废气等多个方面的内部举报和保护，具体规定了雇主不得因雇员的举报行为解聘雇员，不得在雇员服务期、补偿或赔偿、劳动条件等方面予以歧视，并就向雇员提供补偿做了规定，雇员可以得到恢复原职、奖励、医疗交通费用的补贴、其他可合理预见费用补偿等救济，从而有效保护雇员权益。[2] 2017年8月9日，中国食品药品监管总局和财政部联合印发了《食品药品违法行为举报奖励办法》，对内部举报的条件、标准和程序进行规定，但是配套的举报人保护制度没有配套印发，没有解除举报人的后顾之忧，其发挥更大效果还须对举报人保护制度进行完善。

---

[1] 龚强，张一林，余建宇. 激励、信息与食品安全规制 [J]. 经济研究，2013 (3)：135-147.

[2] 李良寓，蔡永民. 中国食品安全问题忽略了什么——美国法的借鉴：制衡机制和雇员作用 [J]. 探索与争鸣，2016 (2)：78-82.

9.3 结语

食品安全战略的定位、目标和长远理性制度建设,具有更加基础性的意义。这里旨在提出问题,并简要指出解决这些问题的方向。限于篇幅,具体的解决方案需要学术界和实务界共同努力解决。

第10章 监管实践：中外保健食品信用监管对比研究

10.1 我国保健食品信用监管的主要做法

2014年国务院印发的《社会信用体系建设规划纲要（2014—2020年）》明确提出："各地区、各部门分别根据本地区、相关行业信用体系建设的需要，制定地区或行业信用建设的规章制度，明确信用信息记录主体的责任，保证信用信息的客观、真实、准确和及时更新，完善信用信息共享公开制度，推动信用信息资源的有序开发利用。"而食品领域早在2004年的《关于加快食品安全信用体系建设的若干指导意见》中就提出："食品安全信用体系建设是在政府推动下全社会参与的一项系统工程，是保障食品安全的长效机制和治本之策。"由此可见，食品安全信用体系建设已经成为我国当前的一项重要工程，而食品安全信用监管又是其中必不可少的核心内容。下面围绕我国保健食品企业信用监管的立法状况、主要做法进行介绍和分析。

10.1.1 我国保健食品安全信用监管立法的总体状况

在保健食品安全信用监管领域，目前我国形成了单一监管与协同监管并存的模式。单一监管，即由某一政府部门实施的信用监管，主要依赖于该部门建设的企业信用信息系统，通常由部门立法进行规范；协同监管，即由多个政府部门联合实施的信用监管，主要依赖于政府统一建设的企业信用信息交换平台和企业联合征信系统，通常由地方立法或部门备忘录进行规范。国家立法主要侧重于企业信用信息公开方面。由此，我国形成了以部门立法和地方立法为主导，以国家立法为引领的企业信用监管法律规制体系。

10.1.1.1 国家及部门立法状况

企业信用监管的国家立法主要解决部门信用监管和地方信用监管中的共性问题，尤其是企业信用信息公开的范围和企业信用信息应用的一般原则。目前，我国已出台《企业信息公示暂行条例》，以行政法规的形式明确规定了政府各部门尤其是市场监管部门应公开的企业信用信息范围，创设了市场监管部门的信用监管制度，并要求地方政府建立企业信用联合约束机制等。随着我国地方信用监管实践的发展，加快实现信用信息跨地区、跨部门、跨领域共建共享的趋势不可逆转。目前，我国有关保健食品安全信用监管的国家法律法规及政策文件如表10.1所示。

表10.1 我国保健食品安全信用监管的国家法律法规及政策文件一览

序号	名称	发布日期	效力级别
1	关于加快食品安全信用体系建设的若干指导意见	2004年4月	部门规范性文件
2	国家食品药品监督管理局食品安全信用体系建设试点工作方案	2004年4月	部门工作文件
3	国家质量监督检验检疫总局关于加强企业质量信用监管工作的意见	2006年10月	部门规范性文件
4	国家食品药品监督管理局关于印发药品、医疗器械、保健食品广告发布企业信用管理办法的通知	2007年10月	部门规范性文件
5	国家食品药品监督管理局关于加快推进药品、医疗器械、保健食品广告发布企业信用体系建设工作的通知	2008年4月	部门工作文件
6	国家食品药品监督管理局关于印发餐饮服务单位食品安全监管信用信息管理办法的通知	2011年12月	部门规范性文件

续表

序号	名称	发布日期	效力级别
7	国家食品药品监督管理局关于进一步加强食品药品监管信息化建设的指导意见	2013年2月	部门规范性文件
8	社会信用体系建设规划纲要（2014—2020年）	2014年6月	国务院规范性文件
9	企业信息公示暂行条例	2014年7月	行政法规
10	企业经营异常名录管理暂行办法	2014年8月	部门规章
11	国家食品药品监管总局关于推进食品药品安全信用体系建设的指导意见	2015年11月	部门工作文件
12	严重违法失信企业名单管理暂行办法	2015年12月	部门规章
13	食品安全信用信息管理办法	2016年8月	部门规范性文件
14	"健康中国2030"规划纲要	2016年10月	党内法规
15	"十三五"市场监管规划	2017年1月	国务院规范性文件
16	国家食品药品监督管理总局办公厅关于印发对税务等领域信用A级食品药品生产经营者实施联合激励措施的通知	2017年2月	部门规范性文件
17	"十三五"国家食品安全规划	2017年2月	国务院规范性文件
18	国务院办公厅关于加快推进社会信用体系建设构建以信用为基础的新型监管机制的指导意见	2019年7月	国务院规范性文件
19	市场监管总局关于进一步优化国家企业信用信息公示系统的通知	2019年7月	部门工作文件

10.1.1.2 地方（省级）立法状况

企业信用监管的地方立法主要解决地区内政府各部门持有的企业信用信息的统一归集、公开和管理等问题，为地方协同监管创造条件。为了改变政府部门之间的"信息封闭"状态，目前我国所有省级地方政府均建立了本地域的公共信用信息交换平台和企业联合征信系统，且大都设立了公共征信机构负责企业信用信息的归集、公开和管理等具体运作。为了规范地方政府的企业信用监管行为，保障信用主体的合法权益，各地纷纷出台地方性法规、地方政府规章、地方规范性文件等各种效力层次的专门立法，形成了既有共性又有差异的企业信用监管地方立法体系。具体而言，地方立法中的企业信用监管法律制度主要包括企业信用信息系统及其运行机构制度、企业信用信息归集制度、企业信用信息公开制度、企业信用信息使用制度、企业合法权益保护制度、监督保障制度、相关主体法律责任制度等。

有关我国保健食品安全信用监管的地方（省级）法律法规及政策文件如表10.2所示。

表10.2 我国保健食品安全信用监管的地方（省级）法律法规及政策文件一览

省（区、市）	名称	发布日期
安徽	安徽省食品药品安全信用体系建设管理办法（征求意见稿）	2015年8月
	安徽省食品药品监督管理局关于印发安徽省食品药品安全信用等级评定管理办法（试行）的通知	2017年3月
	安徽省食品药品监督管理局关于印发安徽省食品药品安全信用信息归集和使用办法（试行）的通知	2017年3月
	安徽省市场监管局创新构建信用监管机制：一网归集分类监管联合惩戒	2019年3月
	安徽省市场监管局2020年社会信用体系建设工作任务分工方案	2020年5月
北京	北京市保健食品安全监管信用档案管理办法	2012年1月
	北京市人民政府关于进一步加强企业信用监管推进企业信用体系建设的意见	2012年12月
	北京市食品药品安全监管信用体系建设管理办法（试行）	2014年11月
	北京市人民政府关于建立完善信用联合奖惩制度加快推进诚信建设的实施意见	2017年3月
福建	福建省食品药品安全信用分级分类管理办法（试行）	2015年6月
	福建省食品药品监督管理局关于进一步深化食品药品安全信用体系建设工作的通知	2017年4月
	福建省医疗保障领域信用管理暂行办法	2020年5月

续表

省（区、市）	名称	发布日期
甘肃	甘肃省食品药品监督管理局关于进一步加强食品安全信用管理工作的通知	2014年4月
	甘肃省食品药品监督管理局关于印发2015年信用体系建设试点工作方案的通知	2015年3月
广东	广东省食品药品监督管理局药品生产经营单位信用分类管理的实施办法	2014年8月
广西	广西壮族自治区食品药品监督管理局关于印发推进食品药品安全信用体系建设实施方案的通知	2014年12月
	广西食品生产企业食品安全信用动态管理制度（暂行）	2015年4月
	广西壮族自治区食品药品安全信用分级分类管理办法（试行）	2016年12月
贵州	贵州省食品药品安全信用分级分类管理办法（试行）	2018年5月
河南	河南省食品药品监督管理局关于印发河南省保健食品广告发布企业信用管理规定（试行）的通知	2008年7月
	河南省流通环节食品经营者信用分类监督管理实施办法（试行）	2012年3月
湖北	湖北省食品药品安全信用分类管理办法（试行）	2014年7月
江苏	江苏省食品药品监督管理局关于药品安全信用分类管理工作的意见	2005年10月
	江苏省食品药品监管局关于印发江苏省食品药品安全信用体系建设指导意见的通知	2015年7月
	江苏省食品药品监管局关于印发江苏省食品药品安全信用分类管理办法的通知	2015年12月
	关于印发江苏省保健食品生产企业质量安全信用等级评定管理办法（试行）的通知	2016年12月
	江苏省执业药师信用信息管理暂行办法	2019年12月
	江苏省化妆品生产企业质量安全信用等级评定管理办法（试行）	2019年12月
辽宁	辽宁省食品药品监督管理局关于进一步加强药品安全信用体系建设工作的通知	2013年4月

续表

省（区、市）	名称	发布日期
内蒙古	内蒙古自治区食品药品行业信用评价管理办法（试行）	2018年3月
	内蒙古自治区市场监督管理局关于强化信用监管、对失信企业进行信用约束联合惩戒有关规定的通告	2019年08月
山东	山东省食品药品监督管理局关于进一步加强食品生产企业食品安全信用档案管理的指导意见（试行）	2014年12月
	山东省食品药品监督管理局关于建立健全保健食品化妆品生产经营企业监管信用档案的通知	2015年7月
	山东省市场监督管理局关于建立严重违法失信企业信用修复制度的实施意见	2018年12月
	关于印发山东省市场监管系统企业信用风险分类管理办法（试行）的通知	2020年6月
山西	山西食品行业诚信自律公约	2018年7月
陕西	陕西省化妆品生产企业质量信用等级评定与分类管理办法（试行）	2017年12月
	陕西省食品小作坊风险与信用分级管理工作规范（试行）	2018年9月
	陕西省药品生产企业质量信用等级评定与分类管理办法	2018年10月
上海	上海市食品药品监督管理局管理相对人信用信息管理暂行办法	2003年11月
	转发市食品安全委员会办公室关于本市食品安全信用体系建设若干意见的通知	2013年2月
	上海市食品药品监督管理局关于加强食品药品生产经营者信用信息管理的规定	2014年7月
	上海市保健食品生产单位食品安全信用等级评定和分类监管暂行办法	2014年8月
	上海市食品生产企业食品安全风险与信用分级监管办法	2017年9月
	上海市食品药品生产经营者信用信息管理规定	2018年1月
新疆	新疆维吾尔自治区保健食品生产企业安全信用分级管理办法（试行）	2012年8月
	新疆维吾尔自治区医疗器械经营企业信用分级监管规定（试行）	2013年5月
	新疆维吾尔自治区食品药品企业信用建设实施方案	2015年10月
	新疆维吾尔自治区食品药品企业信用管理办法（试行）	2015年11月

10.1.1.3 我国保健食品安全信用监管立法简评

（1）我国企业信用监管尚处于发展的初级阶段，推行的时间并不长，再加上企业信用监管水平的地方差异较大，因而现行企业信用监管立法呈现出多层次、多头规范的特点，而专门聚焦于保健食品安全信用监管的立法文件更是少之又少，多散见于不同的规范性文件中。在多层次、多头规范的立法框架下，企业信用监管将会面临以下问题❶：一是在企业信用信息归集方面存在企业信用信息"多头"提供问题。某一监管部门的公共信用信息常常依法需要多次向不同的主体重复提供，从而大大增加了监管部门的工作量和企业信用信息出错的可能性。例如，某一设区的市级监管部门对企业做出行政处罚后，这类行政处罚信息通常须按照部门立法规定录入部门建设的企业信用信息系统；同时须按照地方立法规定向同级公共征信机构提供，有的还要同时向省级监管部门提供以便统一汇到省级公共信用信息平台；有的情况下还要按照部门规定将此类信息推送给其他相关部门；还要按照政策规定将此类信息提供给国家企业信用信息公示平台等。二是在企业信用评价方面存在"多头"评价问题。目前，企业信用评价主要由部门立法规范，并以此作为部门实施分类监管和协同监管的依据；也有一些地方立法规定了企业信用综合评价制度，并要求地方行政部门将此作为行政监管的重要参考。对地方监管部门而言，在执法时可能就要同时面对这两种企业信用评价结果，如果评价差异较大，就可能出现具体适用的难题。

（2）我国企业信用监管的立法效力级别较低。从国家立法来看，我国目前尚未出台企业信用监管方面的法律，仅有一部相关的行政法规，即2014年发布实施的《企业信息公示暂行条例》。在部门立法层面，与保健食品信用监管相关的主要是部门规范性文件和部门工作文件。在地方立法层面，与保健食品安全信用监管相关的地方性法规同样非常少，更多的是省级和设区的市级地方规章、规范性文件。对企业信用监管而言，制度的稳定性和权威性是极其重要的。规范性文件因其往往只有3~5年的有效期，难以适应企业信用监管具有长期性的特点。规范性文件一旦失效，如果新的立法没有出台，则企业信用监管的合法性将成为问题。此外，企业信用

---

❶ 范水兰. 企业信用监管法律制度研究［M］. 北京：法律出版社，2019：197.

信息归集的重点和难点是从各行政部门归集企业信用信息,如果仅以规范性文件作为依据,由于权威性不足,在实际的推行过程中企业信用信息归集更容易出现归集难的问题。因此,我国有必要尽快理顺信用监管事务,出台有关企业信用监管的国家立法。

10.1.2　我国保健食品安全信用监管的地方实践及其主要做法

根据对现有政策文件的梳理,以及对各地实践情况的了解,我们发现,我国各地关于保健食品安全信用监管的专门规定并不多,目前只有新疆维吾尔自治区原食品药品监督管理局于2012年发布的《新疆维吾尔自治区保健食品生产企业安全信用分级管理办法(试行)》、上海市原食品药品监督管理局于2014年发布的《上海市保健食品生产单位食品安全信用等级评定和分类监管暂行办法》。而这两份文件的效力级别仅仅是地方规范性文件。其余省份大多是在关于食品药品安全监管信用体系建设的相关文件中一并提出,如北京市原食品药品监督管理局2014年发布的《北京市食品药品安全监管信用体系建设管理办法(试行)》第八章《附则》做出说明:"食品药品安全信用信息,是指食品药品监督管理部门在依法履行职责过程中归集的食品(含保健食品、食品添加剂)、药品、医疗器械、化妆品等生产经营主体及从业人员的信用信息。"福建省原食品药品监督管理局2015年发布的《福建省食品药品安全信用分级分类管理办法(试行)》第一章《总则》提出:"本办法所称食品药品生产经营者,是指在辖区内取得行政许可,从事食品(含保健食品、食品添加剂)的生产、经营,化妆品的生产、经营,药品、医疗器械的研制、生产、经营和使用的公民、法人或者其他社会经济组织。"也就是说,在地方实践中,更多的是将保健食品看作食品范畴的一部分,将其纳入统一的食品安全信用管理,而且这些文件的效力级别也都是地方规范性文件。

关于保健食品安全信用监管的地方实践,其主要做法包括以下三方面的内容。

10.1.2.1　信用监管体系建设

信用监管体系建设是一项系统工程,涉及一系列活动和事项。同时,信用监管体系还关乎监管领域的覆盖范围及监管应用的生命周期等内容。比较典型的地方实践是上海市，2020年上海出台《关于加快推进社会信用体系建设，构建以信用为基础的新型监管机制的实施意见》，力争用3年时间全面建立信用监管体系，并实现信用监管领域全面覆盖。该实施意见首次将信用监管应用于市场主体的全生命周期，重点围绕事前信用承诺、事中分类监管、事后奖惩修复三个环节，全流程闭环管理机制；着力探索以信用评价为基础的分类监管，改变以往"撒胡椒面""平均用力"的监管方式，实现监管资源的有效配置，探索市场主体公共信用综合评价。同时，各部门可利用评价结果，结合行业管理数据，依托第三方机构建立行业信用评价模型。根据市场主体信用分类状况，采取差异化的监管措施，使监管力量"好钢用在刀刃上"，对诚信守法者"无事不扰"。该实施意见包括14项任务39条举措。

当然，信用监管体系的建设并非一日之功、一蹴而就，也不是单靠一个部门就能够完成和实现，需要法律制度的顶层设计、基础信息的大量积累、技术手段的有力支撑、各个环节的紧密衔接、部门之间的通力协作，也需要各类主体的共同参与。然而，当前我国在信用监管体系建设方面，缺乏顶层的法律规范、存在部门之间的信息孤岛。同时，部门之间的协作和相关主体的参与仍然不足，而区域间的差异和行业间的差别又向整体的信用监管提出了挑战。这就使信用监管的整体推进较慢，信用监管的实施效果也未能凸显。这些都是今后需要加强和完善的。

10.1.2.2 信用信息管理与使用

（1）信用信息归集。

信用信息归集可以说是信用监管的起点和基础工作，如何真实、准确、全面地归集到有效信息，并反映监管对象的实际状况，将直接决定下一步监管工作的具体开展。关于信用信息的类型及其内容，各地政府部门从不同的角度进行了划分和说明。《北京市食品药品安全监管信用体系建设管理办法（试行）》指出："食品药品安全信用信息由食品药品生产经营主体的基本信息、准入信息、良好信息、不良信息组成。不良信息包括提示信息、警示信息。"《福建省食品药品安全信用分级分类管理办法（试行）》指出："食品药品安全信用信息包括：主体基础信息、监督检查信息、违法违规记录、产品质量信息、投诉举报信息及表彰奖励信息。"

从北京市和福建省出台的管理办法的具体内容来看,虽然两个省(市)对食品药品安全信用信息的分类存在差异,但主要是表述方式的不同,实际内容却是大同小异。这样的分类方式虽然在一定程度上是为了更好地反映本地政策实际,而结合本地现实状况来制定的,但是这种信息归集标准的区域间差异,不仅给跨区域经营的监管对象的信息上报增加了工作负担,容易造成信息重复上报、多头上报,还不利于国家信用信息的统一归集。与此同时,我国目前的信用信息归集并没有统一的大平台,各部门和各区域各自建设、各自运行,部门间和区域间的信息连通仍然困难重重,这也向信用信息的整体归集和使用提出了巨大挑战。当然,不同的监管对象,由于行业间和区域间的差异,各自的信用信息会存在一定的差异,但是对基本信息标准的统一及信息连通机制的构建,必然是一项重大的任务。

(2) 信用等级评定。

信用等级评定本质上是基于既往行为是否合法合规基础的二次评价,监管对象被评定的信用等级将直接决定监管部门对其采取何种奖惩措施。对于信用等级的评定,《北京市食品药品安全监管信用体系建设管理办法(试行)》指出:"主体不良信息被归集后,认为该主体行为失信,按失信程度对应扣分值进行信用分级评定。失信等级分为一、二、三级,失信程度逐级递增:扣分累积为0分至2分(含),为一级失信;扣分累积为2分至7分(含),为二级失信;扣分累积为7分至12分(含),为三级失信。一个信用周期内,主体信用扣分累积满12分后(超出12分以12分计)被锁入'黑名单系统'的,不再进行扣分累积。"《福建省食品药品安全信用分级分类管理办法(试行)》指出:"食品药品安全信用等级分为四级:(一)守信(以下简称A级),标识为绿色;(二)基本守信(以下简称B级),标识为蓝色;(三)失信(以下简称C级),标识为黄色;(四)严重失信(以下简称D级),标识为红色。"

从北京市和福建省的管理办法来看,对信用等级的评定,北京市侧重于以不良信息的归集为基础,对失信程度进行等级划分,而且实行的是分数制,根据累积扣分评定具体等级,可以说是聚焦于制定"负面清单";福建省则把信用等级分为四级,包括守信与失信两种类型,各两个等级,并将各等级对应的情形进行了列举，可以说是聚焦于制定"全面清单"。这两种典型的信用等级评定方式各有特点，从而导致各监管部门的工作方式和监管范围略有不同，同时也会影响对相关企业的监管方式和监管手段。

（3）信用分类监管。

信用分类监管主要是指监管部门根据信用信息评定信用等级，并在信用等级有效期内，对监管对象实施的信用奖惩和分类监管措施。这是对信用信息的使用，也是实现监管目标的关键环节。总体而言，信用分类监管包括守信激励和失信惩戒两个层面，相应的监管措施则包括主体自律和监督管理。对于处在不同信用等级的监管对象，则会采取相应的监管手段和措施。《内蒙古自治区食品药品行业信用评价管理办法（试行）》制定了详细的信用信息等级评定条件，在守信联合激励与失信联合惩戒方面，推出了"诚信红名单"与"失信黑名单"制度，实行积分制管理。对于守信企业，"联合各级政府及其部门和相关机构在政府政策、公共资源配置以及市场方面给予激励，包括履行日常监管、行政审批、政府采购、招标投标、国有产权转让、土地出让、财政性资金安排、定期检验、评先评优、信贷安排等领域"。对于失信企业，则采取相应的约束和惩戒措施，对被列入"失信黑名单"的食品药品生产经营者，内蒙古自治区各级食品药品监督管理部门惩戒后，还应联合其他相关主管部门对其开展相关惩戒措施，如"在申请政府性资金支持时，采取从严审核或降低支持力度或不予支持等限制措施；在申请发行企业债券时，将其列入'从严审核'类，并在发行额度方面予以限制；依法限制公开发行公司债券；在申请粮食和食糖进口关税配额时，将其失信信息作为限制配额依据；在一定期限内依法禁止其参与政府采购活动；限制取得政府供应土地"等。

信用分类监管为实现监管目的提供了针对性措施，守信联合激励与失信联合惩戒则为实现监管目的提供了强有力保障。但是，在增强监管力度和针对性的同时，也面临着一系列的挑战。比如，实行分类监管就意味着要进行海量的信息分类和筛查，这就对信息平台和信息系统的承载及运行形成了挑战；守信联合激励与失信联合惩戒就意味着相关部门之间要互通互联，这就对部门间信息的联通、政策的协同、工作的配合形成了挑战。因此，信用分类监管不是一个部门的职责，也不是一个部门就能完成的，它需要部门间的协作、国家的顶层设计。

(4) 信用修复。

信用修复可以说是对部分失信企业的一种救济途径，体现了我国包容审慎的监管理念。山东省根据原国家工商总局办公厅《关于进一步做好严重违法失信企业名单管理工作的意见》提出的"鼓励探索信用修复制度，建立自我承诺、主动纠错、信息公示的信用修复机制"要求，结合本省实际，于2018年12月10日发布实施了《山东省市场监督管理局关于建立严重违法失信企业信用修复制度的实施意见》。该实施意见对失信企业信用修复制度的适用范围进行了相关说明："被列入严重违法失信企业名单的企业，有下列四种情形之一，没有其他黑名单记录且不在经营异常名录里的，可申请移出严重违法失信企业名单：（一）企业因未在规定期限内公示年度报告，被列入经营异常名录，在被列入之日起3年内已补报并公示了企业年报信息，未申请移出经营异常名录的；（二）企业因未在责令的期限内公示有关企业信息，被列入经营异常名录，在被列入之日起3年内已公示了相关企业信息，未申请移出经营异常名录的；（三）企业因公示信息隐瞒真实情况、弄虚作假，被列入经营异常名录，在被列入之日起3年内已公示了更正后的相关企业信息，未申请移出经营异常名录的；（四）企业因通过登记的住所（经营场所）无法联系，被列入经营异常名录，在被列入之日起3年内已办理了登记住所（经营场所）变更登记，或者通过现登记的住所（经营场所）重新取得联系，未申请移出经营异常名录的。"

《北京市食品药品安全监管信用体系建设管理办法（试行）》除了对信用修复的适用情形进行规定外，还对不得申请信用修复的情形进行了说明："生产经营主体、从业人员因食品药品违法犯罪被追究刑事责任的不得申请信用修复。被执行责令停产停业、吊销许可证、撤销批准证明文件等市场退出机制的主体，除法律法规有明文规定外，不得再次获得许可从事食品药品生产经营活动，不得申请信用修复。"由此可见，信用修复虽然是救济失信行为的一种途径，是防范和减少失信行为发生的长效机制，但不是失信企业的"免死金牌"。如何恰当地适用信用修复也是一个重要的监管环节。

10.1.2.3 行业自律

行业自律可以说是信用监管体系的重要组成部分，而签署自律公约则是行业自律的一种具体表现形式。2018年7月，在山西省食品药品监督管理局指导下，山西省食品工业协会在晋中主办了"食品安全进企业"暨"无欺诈虚假宣传，行业企业在行动"山西食品行业诚信自律公约发布活动，共有山西梁汾醋业、水塔醋业等近二十家企业现场签署了《山西食品行业诚信自律公约》。该公约共有五条内容："以食品安全为荣，严控产品质量，坚守企业责任，尚德守法，共治共享；以诚信经营为荣，弘扬诚信文化，构建诚信体系，服务社会，勇于担当；以严守法律法规为荣，增强企业主体责任意识，严格执行国家食品安全标准；以高质量发展为荣，发扬工匠精神，敢于突破创新，抱团发展，合作共赢；以践行社会责任为荣，积极参与食品安全普法宣传和科学知识普及，加强与社会各界沟通交流，自律自觉，接受社会监督。"

据介绍，该活动旨在通过倡导食品行业自律规范发展，共同抵制欺诈和虚假宣传违法违规行为，加强科普宣传，提高消费者认知，净化消费环境，推动食品安全社会共治。引导食品行业市场主体及从业人员开展道德诚信宣传，增强企业主体责任意识，引导社会各界参与食品安全普法宣传和科普工作，营造浓厚的食品安全社会共治氛围。我们以为，行业自律固然非常重要，而且能以较低的成本达到政府监管所欲实现的目标。但是，即使签署了行业自律公约，也只是对签署的企业具有一定程度的软约束，这种约束并没有惩罚性的强制机制。对于公约的履行，主要靠参与企业的主体意识和自觉行动，但是由于受成本压力、利润驱动及各种外部因素的影响，行业自律在信用监管中发挥的作用目前还是比较小的。

10.2 典型发达国家信用监管及其在保健食品行业的运用

10.2.1 美国

美国是建立了较为健全的征信体系的国家。二战后，伴随经济的快速发展，美国信用交易规模不断扩大，信用工具被广泛使用，信用管理体系也逐步建立完善。相比于其他国家，美国的信用监管体系具有明显的市场化特征，通过建立健全的信用管理法律体系，推动包括政府、工商企业、消费者、征信公司、第三方信用机构等多元主体参与的信用运作模式，形成了独立、公正且市场化运作的信用监管体系。

10.2.1.1 美国的信用监管体系

(1) 美国信用监管体系的政府主体。

在美国，政府主体在信用监管中的作用主要是对信用进行宏观管理，为市场创造一个健康的社会信用环境。在组织机构上，美国联邦政府并未专门设立一个信用管理局来管理信用事务，其信用管理功能分散在各具体职能部门。[1] 综合来看，美国政府的信用监管的主体主要可以划分为两类：一是对银行系统的信用执法和监管，主要有财政部货币监理署（Office of Comptroller of the Corrency）、联邦储备系统（Federal Reserve System）和联邦储蓄保险公司（Federal Deposit Insurance Corporation）等；二是对非银行信用的执法和监督机构，包括联邦贸易委员会（Federal Trade Commisson）、司法部（Department of Justice）、国家信用联盟办公室（National Credit Union Administration）、储蓄监督办公室（Office of Thrift Supervision），管辖范围包括各种零售企业、不动产经销商、汽车销售商等。

自20世纪60年代末开始，围绕以上两大主要的信用监管领域，美国逐渐建立起了完善的信用监管法律体系。整体来看，美国信用监管基本法律框架是以《公平信用报告法》（*Fair Credit Reporting Act*）为核心，其他重要的法律包括《平等信用机会法》（*Equal Credit Opportunity Act*）、《公平债务催收作业法》（*Fair Debt Practice Act*）、《公平信用结账法》（*Fair Credit Billing Act*）、《诚实租借法》（*Truth in Lending Act*）、《社区再投资法》（*Community Reinvestment Act*）、《信用修复机构法》（*Credit Repair Organization Act*）等。在具体立法内容上，美国信用监管的法律主要集中于规范授信、平等授信、保护公众隐私等方面[2]，实现了对多元信用监管主体行为的法律规范和约束，推动了公平有序的市场秩序和消费者合法权益的保障，进而促进了以信用交易为主要手段的成熟市场经济的健康发展。

---

[1] 林钧跃. 美国信用管理的相关法律体系 [J]. 世界经济, 2000 (4)：62-67.

[2] 邓郁松. 建立社会信用体系的国际经验与启示 [J]. 经济研究参考, 2002 (17)：35-43.

在具体功能上，美国政府的信用管理主要有六项功能：一是根据法律对不讲信用的责任人进行适量惩处；二是教育全民在对失信责任人的惩罚期内，不要对其进行任何形式的授信；三是在法定期限内，政府工商注册部门不允许有严重违约记录的企业法人和主要责任人注册新企业；四是允许信用服务公司在法定的期限内，长期保存并传播失信人的原始不良信用记录；五是对有违规行为的信用服务公司实行监督和处罚；六是制定执行法案的具体规则。❶

（2）美国信用管理的非政府主体。

除了政府主体外，美国信用管理的最大特征是非政府主体的参与。二战后，伴随信用工具的广泛使用，收集和加工信用信息的营利性市场主体迅速发展起来。事实上，在美国，"信用"更多是作为商品在市场上进行生产和销售❷，这也使美国的信用管理更多是靠非政府主体的信用管理行业完成。❸

首先，是营利性的企业主体，主要通过两种方式实现信用的管理。一是信用经营机构，即美国工商企业自身重视信用管理经营，在企业内部设立专门的信用管理部门，加强对企业信用行为的管理及关注市场对企业的信用评价；二是信用管理机构，主要是指经营信用数据库的征信公司及进行信用评估的专业信用评级公司，如世界上最著名的企业信用管理公司邓白氏公司（Dun & Bradstreet Corp.），其提供的邓白氏评级（D&B Rating）运用国际通用的评估体系对企业信用状况进行评级，可用于快速了解企业规模及综合信用水平的风险指标，评级范围几乎覆盖了邓白氏公司全球数据库中的数千万家企业，帮助使用者更方便、快捷地比较不同目标企业之间的信用水平。

其次，在美国，除营利性的企业主体以外，与信用有关的行业协会和非营利性组织也积极参与信用管理，如美国信用管理协会、信用报告协会等民间机构均在信用行业的自律管理、资格认定、业内交流、教育培训等

---

❶ 郝智慧，王海兰. 信则立，不信则废——美国的信用管理体系建设及对我国的启示 [J]. 经营与管理，2006（10）：36-37.

❷ 周晓曼，王国华. 借鉴美国经验探讨我国信用管理体系建设 [J]. 东方企业文化，2014（3）：323.

❸ 朱毅峰，吴晶妹. 美国信用管理体系简介 [J]. 中国金融，2003（5）：55-56.

方面发挥重要作用❶，有效推进了信用管理的规范性、专业性和中立性。

此外，消费者也是美国信用监管的重要参与主体。事实上正是消费者对企业信用信息或信用评价有很强的需求，才推动了信用产品和信用服务市场的快速发展。美国消费者往往有很强的信用意识，这与对消费者领域的信用关注密切相关。在西方国家，人们习惯地称拥有消费者个人信用调查巨型数据库的信用管理专业公司为信用局❷，从1860年美国建立了第一家信用局，到现在已有数百家信用局为消费者提供服务。通过这些信用机构，人们可以快速获取商业市场上任何一家企业和消费者个人真实的信用背景调查报告，由此企业和消费者形成了自觉培育和维护良好信用的意识。

（3）美国信用监管机制。

美国信用管理的市场化运作机制主要通过两个层面来实现：一方面通过法律的直接规定公开企业信用信息；另一方面则通过征信的形式来实现❸。下面主要围绕美国的企业信息公开制度和征信评价机制进行介绍。

①政府主导建立的企业信息公开。

在美国，为保护公众知情权，建立了非常完善的企业信息公开制度。企业信息公开制度主要由公司信息登记公开制度及其他政府信息公开机制进行规制，由公司登记机关及其他相关机关保管的公司信息成为政府公开信息的内容，公众享有对政府事务的知情权，通过网上搜索、官方网站、书面申请、委托授权商业中介公司查询书等方式获取政府保存的公司信息文件。❹ 美国的企业信息公开制度由各州分别制定，但基本以美国律师协会商法委员会起草的《示范商业信息公司法》作为本州商事立法的蓝本，进而形成了美国企业信息公示立法框架。

美国法律对企业信用信息披露和使用一般没有专门的规定，主要服从于统一的政府公共信息公开制度相关规定。1966年，美国国会通过的《信

---

❶ 邵宇，毕丽莎. 建立社会信用体系的国际经验与启示[J]. 金融理论探索，2002（4）：12-14.

❷ 朱毅峰，吴晶妹. 美国信用管理体系简介[J]. 中国金融，2003（5）：55-56.

❸ 王伟，等. 企业信息公示与信用监管机制比较研究——域外经验与中国实践[M]. 北京：法律出版社，2020：47.

❹ 王伟，等. 企业信息公示与信用监管机制比较研究——域外经验与中国实践[M]. 北京：法律出版社，2020：25.

息自由法》成为美国政府信息公开制度的核心，此部法律改变了联邦《行政程序法》中规定的只有正当理由且有直接利害关系的当事人才可请求查阅政府文件的做法。美国各州公司法中规定了公司注册义务，并且对于公司注册所有提交文件，除危害公共安全和涉及个人隐私等信息免于向公众公开外，其他所有提交备案文件都属于公共信息，对于属于政府部门保存的公共信息，只要不侵犯企业的商业秘密，任何人均可以在不提供任何理由的情况下向州政府提出申请，当商业秘密和企业信用信息不能明显区分时，则遵循以公开为原则、不公开为例外的要求。以美国特拉华州的实践来看，公众在提出申请并支付相关费用后，可以通过邮寄的方式获取该州保存的企业信息资料的复印件。这些文件具体包括以下方面：所有关于营业执照的文件副本、营业执照更改文件副本、其他备案的文件、信誉良好证明（缩减版）并且注明是否需要提及税务、是否按时缴纳、完整版信誉良好证明、不动产证明、国际公证文件等。❶

除对一般企业信息进行公开外，美国也通过对违法企业名单公示达到监管的目的。按照各州公司法规定，未履行年度申报或者未缴纳特许经营费的公司，将被依法吊销营业执照，并且在公共媒体上公示吊销企业信息。同时，公众可以通过州法院相关数据库通过输入特定行业和商业名称查询关于该公司的商业投诉，内容涉及受伤工人赔偿、职业环境的安全性、工作地点建设等方面，网站搜索结果一般提供基本投诉信息、纠纷类型、纠纷解决的状态等信息，从而达到保护消费者，避免欺诈行为的目的，不过需要注意这类投诉不具有法律效力，搜索结果仅供参考。❷

②社会化征信机制。

相比于直接公开企业信用相关信息，美国企业信用类信息主要还是通过各类信用公司生产的征信产品形式广泛传播，进而对失信者产生强大约束力和威慑力。所谓征信，就是为所有参与市场竞争、市场交易、市场监管的主体提供一个信息充分且自由共享的平台，以克服这些主体在信息失

---

❶ 王伟，等. 企业信息公示与信用监管机制比较研究——域外经验与中国实践[M]. 北京：法律出版社，2020：42.
❷ 王伟，等. 企业信息公示与信用监管机制比较研究——域外经验与中国实践[M]. 北京：法律出版社，2020：45.

灵的市场环境下进行市场竞争、交易、监管等所产生的不安全、不公平和不效益。[1] 在美国，征信主体主要是私营机构，这些私营征信机构只要不侵犯企业的商业秘密，就可以向所有的合法信息用户披露企业的相关信用信息。美国拥有庞大的征信业，征信活动也涉及从信用信息采集、加工处理、披露、惩戒、修复等的全过程。

一是信用信息的采集。首先，从采集内容来看，除政务信息外，在法律许可范围内，美国征信公司对公用事业、行业组织、企业和消费者信息都可以收集使用，涉及企业的征信数据库收集的有关企业信用的信息主要涉及企业发展简史、经营范围、企业规模、业务记录、诉讼记录、财务状况等。其次，从采集渠道来看，美国征信机构的采集渠道包括公共部门和私人部门，其中，企业的基础信息主要源于政府部门和公共机构，其他信息采集则来自私人部门。信息采集一般有三种方式：一是自行收集相关信息。二是信息所有者主动为采集者提供信息，如公司在股票发行、上市时，雇佣信用评估公司、会计师事务所等制作信用等级评估报告、财务报告等，然后向市场上潜在的投资人公布。三是由专业化的信息中介服务机构为交易双方提供对方的信息，除了工作人员现场调查收集信息，通过大众传媒和政府公共部门采集信息外，征信机构还通过再委托方式或与其他有关机构合作共享信息。最后，从信息的性质来看，美国收集的信用信息包含正面信息和负面信息，这有利于全面评价数据主体的信用状况。一个成熟的征信系统担负着预防的功能，授信人要做出准确的授信决策，因此需要信用申请人的正面信息，但其含量应当仔细权衡；而负面信息的存储要考虑时间限制，若企业因一次失信行为而永久地留在"黑名单"上，那它的信誉彻底毁了，便缺乏努力重建信用的动力。

二是信用信息的处理和评估，是指征信机构对收集的信用信息进行分类、核查和存储，并依据一定的征信评价指标和模型形成特定的征信服务产品提供给用户使用。美国发达的征信市场形成了科学、复杂的信用信息处理评估模型，丰富的征信评价产品和服务。

三是信用信息的披露、查询。征信机构具有一定的公共服务职能，肩

---

[1] 王伟，等. 企业信息公示与信用监管机制比较研究——域外经验与中国实践 [M]. 北京：法律出版社，2020：48.

负着"社区道德观察员"的使命❶，并有权为了维护社会利益对社会成员做出一定的评价。企业可以通过出示营业执照或者其他有效证件向征信机构申请自身信用信息的查询，并获取有关自身档案的所有信息及其来源、信用报告最终用户的身份等。如果信用主体认为征信机构披露的信息存在问题，可以向征信机构提出异议，要求更正或者删除。

四是不良信用惩罚机制。美国的不良信用惩罚机制是由民间运作并自愿执行的。通过信用信息管理机构、服务机构等市场化运作将有不良信用记录的责任人和处罚意见，通过信用信息、信用评级报告等形式向社会公告，并载入相应的信用信息数据库，被列入失信黑名单的企业将难以进行正常信用交易，且不良信用记录一般会保持5~10年，使不良信用惩罚机制具有较强的威慑性和持续性。

五是不良信用信息的修复。美国建立了企业信用修复机制。当企业出现不良信用记录后，可以亲自或委托信用修复机构与失信行为的受害人联系，当受害人愿意谅解失信人，可以签署《谅解证明》；如果受害人不愿意谅解失信人或者受害人是不特定范围内的社会公众的，失信人可以通过向受害人给予物质和精神赔偿，向社会公开赔礼道歉或者其他方式，如慈善捐助等，取得利害关系人和社会谅解之后，企业可以凭借《谅解证明》或者类似的证据向征信机构申请修复不良信用记录。同时，为了客观全面记录信用信息，不良信用记录虽然被修复，但并不删除该不良信息，而是信用修复情况以醒目方式加注在不良信用记录之上。❷

10.2.1.2 美国保健食品行业的信用监管

在美国，保健食品的典型代表是膳食补充剂，美国食品药品监督管理局和联邦贸易委员会及美国50个州的政府机构负责对膳食补充剂行业进行监管。1994年10月25日，《膳食补充剂健康与教育法案》正式出台，形成了美国至今对膳食补充剂监管的基本框架。总体上，美国对保健食品监管

---

❶ 王伟，等. 企业信息公示与信用监管机制比较研究——域外经验与中国实践[M]. 北京：法律出版社，2020：50.
❷ 王伟，等. 企业信息公示与信用监管机制比较研究——域外经验与中国实践[M]. 北京：法律出版社，2020：51.

比较宽松，重视保健食品的消费自由，鼓励保健食品和健康产业的发展。正如《膳食补充剂健康与教育法案》明确指出的那样："联邦政府不应施加任何不合理的监管壁垒，以防止阻碍或减缓安全产品向消费者的供应。"基于此理念，美国膳食补充剂类产品无须获得上市前批准，产品在投放市场之前不必经过证明是安全或有效的。反之，如果食品药品监督管理局作为监管者要求企业从市场上撤出该产品，则必须证明产品与"重大或不合理的疾病或伤害风险"有关的举证责任。从膳食补充剂类企业的角度，宽松的弱监管模式意味着企业无须通过冗长繁杂的外部审查即可设计、开发、制造和销售产品，大大促进了保健食品产业的创新和扩张。

（1）保健食品信息公示。

在一定意义上，美国给予保健食品企业更多信任和行动自由的监管模式本身即体现了信用监管的理念和价值。但是必须认识到，美国宽松的弱监管模式是建立在完善的保健食品信息公开上，即向消费者提供更多的保健食品生产、销售等相关信息、相关知识，通过促进保健食品信息对称和消费者保健食品知识增长，提升消费者的理性，进而实现对保健食品信用行为的促进和约束。具体来看，保健食品相关信息的公示主要可以分为以下两类。

第一，膳食成分安全性和有效性清单公开。在美国，保健食品的信用监管首先体现在影响保健食品安全性和有效性评估的信息公开上，膳食成分上进行了差异化的监管要求，通过膳食成分相关清单信息公示的措施，促进消费者对膳食成分安全性和有效性的判定依据。一是对旧膳食成分和新膳食成分的区分。美国以《膳食补充剂健康与教育法案》发布为契机，将膳食补充剂的成分分为两种：一种是在1994年10月15日前已上市的补充剂使用过的旧膳食成分；另一种是未在此日之前使用的新膳食成分。旧膳食成分已经具有安全使用的历史，因此不需要获得批准，只要达到旧有标准即可进入保健食品市场；新膳食成分则需要在进入销售渠道前至少75日内食品药品监督管理局备案，并提出证据证明其成分的安全性，如果食品药品监督管理局对该成分提交的安全性有任何疑问，则食品药品监督管理局可以要求更多信息或拒绝该产品进入市场。二是制定"公认安全"（generally recognized as safe，GRAS）的膳食成分清单。美国食品药品监督管理局网站上 inventory of GRAS notices 栏目提供了有关1998年以来在食品药品监督管理局收到了第一份公认安全膳食成分名单后每一年内提交的公认安全膳食成分清单信息,对此内容感兴趣的人可以根据《信息自由法》要求提供可披露的信息。

第二,对已被发现有违法违规的保健食品及其企业相关信息的公示,主要包括以下三种方式:一是构建并公开污染补品数据库(tainted supplements database)。美国食品药品监督管理局对已经发现的标记为膳食补充剂但含有药物或其他化学物质的健康产品,如减肥、性增强或健美产品,通过提供污染补品列表来公示和提示,告知消费者这些产品的危害性或具有潜在的有害隐性成分。二是美国食品药品监督管理局通过发布警告信(warning and close-out letters)的方式,加强对严重违反食品药品监督管理局法规的制造商进行警告。当美国食品药品监督管理局发现制造商严重违反法规时,食品药品监督管理局通过警告信的形式通知,警告信中会标识违规行为,如不良的生产实践、产品功能声明存在问题或使用说明不正确。警告信要求公司必须纠正问题,并提供指导和时间表,并将其纠正计划告知食品药品监督管理局。食品药品监督管理局会进一步检查以确保公司的改正效果。食品药品监督管理局在完成对公司为响应警告信而采取的纠正措施的评估后,可能会发出警告信终止信。三是美国食品药品监督管理局网站汇总从新闻稿和其他公共事件中收集的有关管制产品的召回信息(recalls, market withdrawals, & safety alerts),这些召回信息的公示可以提醒消费者注意相关产品的风险。

(2)信用公司的信用评价产品和服务。

在美国对保健食品等企业的信用监管也有专门的信用公司提供信用评价的产品和服务,如邓白氏公司有专门对"维生素、营养补品及其他与健康有关的产品制造"类企业的信息统计,提供包括财务报表、信用报告、公司快照、相关公司、顶级竞争对手等信息。邓白氏公司等信用公司以市场化的方式向公民个人用户及企业用户提供信用商业信息报告服务,可以通过了解公司的运营、财务业绩和公共备案记录来预测相关企业潜在的业务风险,也可以通过连续、实时访问公司的完整信用档案做出可靠的信用决策并主动管理信用关系。

此外,信用评级、信用服务公司等也和政府开展合作推进信用监管,如美国食品药品监督管理局在监管中就使用来自邓白氏公司的 DUNS 编号来验证公司信息，食品药品监督管理局将 DUNS 编号用于查验各种机构注册和产品清单，以验证申请人实际上是合法企业，并已验证了企业联系信息。

（3）行业协会监管。

保健食品相关的行业协会也推进了美国的信用监管。以美国领先贸易协会负责营养委员会（Council for Responsible Nutrition，CRN）为例，这是一个成立于 1973 年，总部设在华盛顿特区，主要由膳食补充剂、功能性食品制造商和成分供应商组成的行业性社会组织。这一行业协会主要通过以下方式推动信用监管。

第一，负责营养委员会要求会员公司应遵守制造、销售、质量控制和安全领域中有关膳食补充剂的许多联邦和州法规。

第二，自愿性准则和最佳做法是负责营养委员会进行自我监管的标志之一。委员会成员自愿遵守严格的道德规范和剂量建议及自愿性准则和最佳实践。委员会制定了成员国遵守的六项伦理原则，成员保证在与客户、供应商、竞争对手、监管机构和消费者打交道时遵守最高的道德原则，以树立对我们产品的信心。委员会及其成员承诺遵守以下道德原则：一是委员会的成员致力于营销产品，以改善消费者的个人健康和公共健康。二是委员会及其成员承诺遵守所有适用的州和联邦法律法规。三是委员会成员致力于通过真实且无误导的标签和广告来营销膳食补充剂、功能性食品。四是委员会及其成员致力于采取适当的措施来支持其产品的安全性。五是委员会及其成员致力于负责任的自我监管，以增强消费者对产品质量和广告真实性的信心。六是委员会的成员致力于与消费者、公众和其他行业成员的交易中遵守公平的商业惯例。

第三，负责营养委员会推动行业 The Supplement OWL 在线健康库（online wellness library）建设。The Supplement OWL 是一个全行业自律倡议构建的数据库，整个行业的公司都将其标签提交给该在线健康库，以帮助监管机构、零售商、消费者等了解更加完整的市场图景，特别是帮助消费者识别保健食品，了解产品成分及其生产商和销售商。

第四，负责营养委员会还提供与膳食补充剂相关的美国食品药品监督管理局警告信数据库和联邦贸易委员会警告信数据库，供会员查询。这个免费的在线工具将食品药品监督管理局发给膳食补充剂公司的警告信汇编为可搜索的数据库，以帮助行业实现更好的法规遵从性。

(4) 美国保健食品企业的自我监管。

美国重视企业社会责任建设，保健食品企业通过本企业的社会责任建设，以及对法律、道德或安全标准的自律性的过程实现了自我监管。就膳食补充剂行业而言，自我监管并不能代替公司遵守管理该行业的众多法规和法律。相反，自我监管是对政府监管的补充和增强。

10.2.2 德国

德国的信用监管体系无论是在法律体系、监管体制方面，还是在实践运作方面，与我国相比都存在明显的差异。整体来看，其信用监管制度呈现分散特征，需要根据信用监管的概念特征从不同的制度设置中进行总结。

10.2.2.1 信用监管的法律体系

德国没有统一的信用监管法律，相关的信用监管规定散见于商法、民法、信贷法和数据保护法等。在企业信用信息登记和公示方面主要有《商法典》《企业登记条例》《公司登记数据银行条例》《有限责任公司法》《破产条例》等。这些法律规定了企业在提供信用信息方面的义务和权利，以及企业信用信息申报、登记和公示的程序，如《企业登记条例》第12条规定了有限责任公司的信息披露："有限责任公司依照法律或章程的规定披露公司信息，公示的渠道一是联邦公报，二是其他公开的报刊或电子信息媒介"；《商法典》规定，成立公司必须在地方法院以公开可信的形式，即通过公证进行商业登记注册，以载入公开可查的商业登记簿；《特定企业与企业集团账目公布法》对超过一定规模的企业如何公布账目做了明确规定；《破产条例》规定，企业破产必须到当地破产法院申请，法院将破产企业或消费者破产目录予以公布；《民事诉讼条例》第915条对债务人名单的建立、公布和销毁做了明确规定。[1]

在信用信息的评价使用和信用主体的权利保护方面，主要的法律有《联邦数据保护法》《信息和电信服务法》以及于1998年10月生效的《欧盟数据保护指令》。德国在信用监管实施过程中十分注重个体信用信息的保

---

[1] 孙志伟. 国际信用体系比较 [M]. 北京：中国金融出版社，2014：150.

护，对个人数据的获取、存储、使用和传播等都有严格的规定。对于信用机构掌握的信用信息，除了政府的特别调查机构外，一般人和机构无法查询个人信息，但可以自我查询，每位公民都有一次免费从信用机构获得信用报告的权利，也可以要求更正其中的不实之处。法律还规定，信用报告和信用评分中不得透露个人收入、存款、生活方式、消费习惯等信息，信用信息机构如把信用信息用于正当目的以外的，要处1年以下有期徒刑或罚金；信用信息机构或接受信用信息的机构，为了取得非法报酬或自身利益，或出于陷害信息主体的目的，而进行信息收集、提供或变更的，处2年以下有期徒刑或罚金。❶

在对不信用行为的惩戒方面，主要的法律有《商法典》《德国刑法典》等。这些法律没有联合惩戒的相关规定，主要规定了企业在未履行法定的信用信息登记公示等义务或者存在欺诈等明显不信用行为时需要承担的法律责任，如《商法典》第 104 条规定：企业故意或草率地违反本法第 8 条规定的企业登记和公示事项，不登记公示、错误登记公示和不完全登记公示的法律责任为处以不超过 200 000 欧元的罚金，处罚机关为国家贷款服务业务监督管理局。❷ 再如《德国刑法典》第 22 章"诈骗与背信"第 263 条规定："意图为自己或第三人获得不法财产利益，以欺诈、歪曲或隐瞒事实的方法使他人陷入错误之中，因而损害其财产的，处 5 年以下自由刑或罚金刑。犯本罪未遂的，亦应处罚。"❸

10.2.2.2 信用监管的体制

在德国，没有专门的政府机构统筹负责信用监管建设和实施，而是呈现分散性特征，其信用信息的收集、公示、维护及信用信息约束作用的发挥是由不同的政府或私人机构单独或共同负责运作的。

（1）公共信用监管机构。

德国的公共信用监管机构主要是负责信用信息登记和公示的公共机构，

---

❶ 任森春，等. 欧美国家失信惩戒制度及启示 [J]. 安徽商贸职业技术学院学报，2007（3）：51-54.

❷ 王伟，等. 企业信息公示与信用监管机制比较研究——域外经验与中国实践 [M]. 北京：法律出版社，2020：159.

❸ 许久生，庄敬华. 德国刑法典 [M]. 北京：中国方正出版社，2004：128.

如负责企业信用信息登记的部门隶属于各地基层法院的商事法庭、各州中心法院和破产法院。其中，商事法庭负责商业登记簿的登记事项，企业需要登记的信用信息包括企业从登记设立到运营再到破产解散存续期间的一切事项，如企业的性质、成立的时间、营业地址、营业范围、经营管理者信息、企业年报等。中心法院负责记载和持有债务人名单，无偿还能力者可到地方法院申请破产，地方法院将登记债务人名单，并在全国范围内公布。债务人的负面信用记录保留3年，在3年内债务人将无权享受银行贷款、分期付款和邮购商品等信用消费。破产法院负责审核企业破产事项，并将破产企业列入破产企业目录并予以公布。

除了法院的信用信息归集和公示，德国联邦司法部及其下属的联邦司法部公报出版社也从事相关企业信用信息登记公示工作。前者运作一个企业登记信息公示网（www.registerbekanntmachungen.de），后者运营一个企业登记信息公示系统（www.unternehmensregister.de）。其中，网站公布的信用信息类型主要包括企业登记信息、财务账目报告、登记信息公报、企业的商务公报、企业的资金信息、破产清算信息、金融市场信息。❶

德国没有类似我国的联合惩戒制度。在信用惩戒方面，其主要由特定的监管机构来执行对违反法定信用义务行为的处罚，如由国家贷款服务业监督管理局负责处罚违反登记义务的企业和公司。❷

在信用信息的正当使用和信用主体的权利保护方面，联邦政府及各州政府的个人数据保护监管局，负责对掌握个人数据的政府机构和信用服务机构进行监督和指导。❸

（2）行业协会。

德国的行业协会在整个信用监管体系中占有重要的一席之地，发挥着重要的职能作用。在信用监管方面，行业协会积极对会员企业开展诚信教育，引导企业诚信经营，维护会员企业的信用形象，同时广泛开展企业信

---

❶ 王伟，等．企业信息公示与信用监管机制比较研究——域外经验与中国实践［M］．北京：法律出版社，2020：156．

❷ 王伟，等．企业信息公示与信用监管机制比较研究——域外经验与中国实践［M］．北京：法律出版社，2020：163．

❸ 文史哲，饶博．德国：诚信建设以完善体系为依托［EB/OL］．(2014-08-29)［2020-03-12］．http://www.xinhuanet.com/world/2014-08/29/c_1112289704.htm．

用信息的核查和评估等活动,对有失信行为的企业进行严格的督查和惩戒。❶ 例如德国大众汽车排气门事件曝光后,德国工业联合会、机械制造商协会和汽车工业协会对其失信行为均表示了强烈批评与谴责,并迅速开展了公开、透明的彻查。

(3) 私营机构。

德国信用监管的主体是私营机构,私营机构在信用信息的收集、评价,并通过信用产品发挥信用约束作用等信用监管的核心环节方面发挥主导作用。其专业化的信用数据采集具有覆盖面广、总量大、来源渠道多元、信用记录全的特点,其所采集的信用数据经纵横向的整理、加工和保存,再经多维度的研究分析,开拓研发出各类基础、增值、创新的征信产品,提供多种多样的信用报告、信用评级、信用衍生品、信用咨询等服务,使市场主体更加理性地开展经济活动,避免违约、资金和财产损失等风险,从而达到了信用监管作用于事前事中的目标。

在面向个人信用方面,以1927年成立的通用信贷安保集团为代表。德国个人信用市场的九成以上为该集团所占有,是目前德国境内唯一拥有银行信用信息的信用服务机构。通用信贷安保集团获得信用信息的来源多元,包括政府机构、银行、金融机构、租赁公司、贸易商和服务提供商等。据统计,该集团拥有6770万自然人的信用信息,储存信用信息达9.43亿条,包括个人基本信息、租房记录、犯罪记录、账单、借贷情况等。❷ 其信用报告是个人进行租房、借贷、求助等社会和经济活动的必备材料。

在面向企业信用方面,以1885年成立的比格尔公司(BURGEL)为代表。该公司数据库搜集掌握全德国460万家企业中的400万家企业的信用信息,其数据库中20%左右的信用信息来源于政府机构网站的公示信息,80%左右的信息则是其员工通过各种渠道收集而来。❸

---

❶ 赵荣,赵静. 德国社会诚信体系构建的宏观要素分析 [J]. 德国研究,2017(1): 86-101.

❷ 沈忠浩. 综述:第三方征信机构有力支撑德国信用体系 [EB/OL]. (2019-07-17)[2020-03-12]. http://www.xinhuanet.com/world/2019-07/17/c_1124764909.htm.

❸ 冯春晓. 关于德国社会信用体系建设模式的若干思考 [J]. 北方经济,2014(8): 77-79.

10.2.2.3 德国"保健食品"行业的信用监管

在德国,类似中国保健食品的产品主要为食品补充剂（food supplements）。对食品补充剂企业的监管,德国没有明确的信用监管制度,但对包括食品补充剂在内的食品监管,存在包含信用监管因素的风险管理制度,即分级分类风险管理制度。德国消费者保护与食品安全局针对食品企业设置了3级共16个指标体系进行风险评价（见图10.1）。

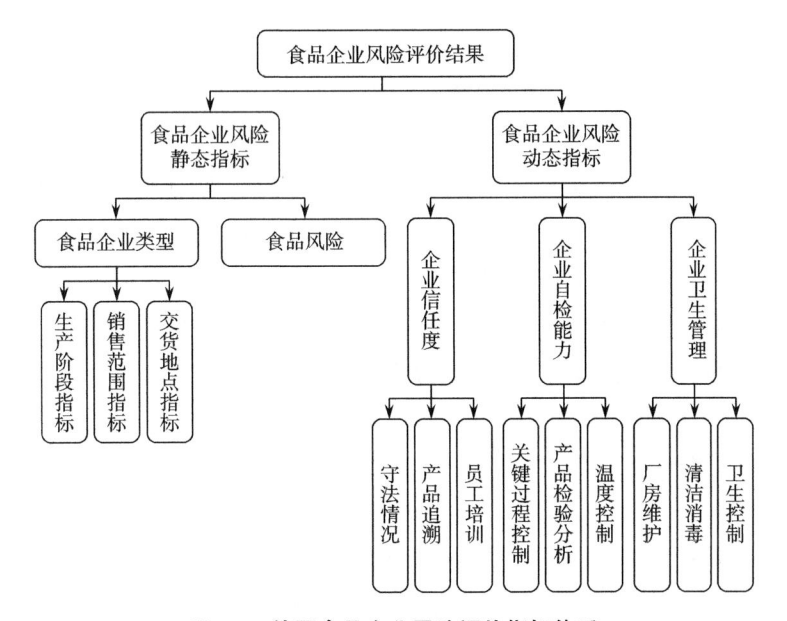

图 10.1 德国食品企业风险评价指标体系

资料来源:李强,等. 德国食品企业风险分级分类监管制度[J]. 食品与发酵工业,2014（7）:123.

经过风险等级计算,德国将食品企业划分为6个等级,由于考虑到每一类型食品企业的控制水平有差异,因而对每个等级的食品企业实施一定跨度的监督检查频次（见表10.3）,如对于3级风险食品企业,根据企业的具体评估得分,实施"每3年1次"到"每季度1次"的监督检查频次。❶

---

❶ 李强,等. 德国食品企业风险分级分类监管制度[J]. 食品与发酵工业,2014（7）:121-125.

表 10.3 德国食品企业风险评价等级与监督检查频次对应表

风险等级	监督检查频次	
	低	高
1	每年 1 次	每天 1 次
2	每 1.5 年 1 次	每周 1 次
3	每 2 年 1 次	每月 1 次
4	每 3 年 1 次	每季度 1 次
5	每 3 年 1 次	每年 2 次
6	每 3 年 1 次	每年 1 次

资料来源：李强，等. 德国食品企业风险分级分类监管制度 [J]. 食品与发酵工业，2014（7）：123.

在此种风险监管制度设置中，包含了信用监管的因素，其风险评价指标体系中的二级指标"企业信任度"即为信用评级设置，该指标通过"守法情况"等三级指标来进行具体评价，而对企业的信用得分高低的奖惩则体现在日常监督检查频次的高低上，即企业的守法、违法等信用行为和其被监督检查的频次之间存在着正相关关系。

10.2.3 澳大利亚

澳大利亚的信用监管体系与欧美国家类似，信用监管制度整体呈分散特征，在监管理念、法律体系、监管体制等方面，没有建立统一、集中的信用监管制度，起主导作用的是私营机构，但在一些具体制度细节设置方面也有自己比较独特的特点。

10.2.3.1 信用监管的法律体系

澳大利亚没有统一的信用监管法律，相关的信用监管规定散见于《澳大利亚联邦公司法》《澳大利亚联邦个人破产法》《澳大利亚联邦隐私法》《澳大利亚联邦征信行为准则》等法律法规。其中，《澳大利亚联邦公司法》对企业注册登记、企业破产信息、市场主体不信用行为的惩戒等方面做了规定。在企业信息登记方面，按照规定，实行注册官负责制，颁发给商事主体的公司注册证载有公司名称、编码、类型、批准人等主要事项，但为了使商事主体的经营活动空间更大，经营项目选择更自由，登记事项中不包含经营范围事项，这些登记信息可以在网上查询、下载。❶ 对于失信行为的惩戒，澳大利亚没有监管机构联合惩戒的相关规定，有一些对商事主体或个人失信行为的惩戒规定，如《澳大利亚联邦公司法》第206F条，如果发现某人是两家或以上被清算人接管、无法偿还债务公司的高管，则该人最高可被处以五年的行业禁令。❷《澳大利亚联邦个人破产法》对个人破产信用的登记和公示做了规定。《澳大利亚联邦隐私法》对监管机构收集、存储、使用和披露个人信息的方式等都做了规定，如规定信用监管主体可以收集的信用信息包括申请信贷记录、信贷违约记录（确认过期已达60天）、拒付支票、法院判决、严重的信贷违规，如诈骗等信息，而政治、社会或宗教信仰、加入组织、刑事犯罪、病史、身体残疾、种族、伦理出身或国家出身、性爱好或性行为、生活方式、个性或声誉等，则属于禁止采集进入信用体系的范畴。❸

10.2.3.2 信用监管的体制

在澳大利亚，没有专门的政府机构统筹负责信用监管建设和实施，而是呈现分散性特征，其信用信息的收集、公示、维护及信用信息约束作用的发挥是由不同的政府或私人机构单独或共同负责运作的。

（1）公共信用监管机构。

整体来看，澳大利亚政府在信用监管方面发挥的作用比较微弱，甚至在法律法规、机构名称方面也不存在与"信用监管"对应的概念和表述，但根据我国推进信用监管方面的经验，可以找到一些类似的信用监管制度设置。

在信用监管的不同环节，澳大利亚没有主导性的监管部门，没有建立

---

❶ 陈莹莹. 中国商事登记制度改革现状及发展趋势探析［D］. 长春：吉林大学，2017：29.

❷ ASIC公布失信黑名单，澳洲名人珠宝商成为《原钻》翻版［EB/OL］.（2020-05-11）［2020-10-18］. https://cj.sina.com.cn/articles/view/5909013773/16034650d01900ph3y.

❸ 宋岗新，等. 澳新两国个人信用服务体系考察报告［J］. 天津经济，2004（10）：56-59.

统一的信用信息平台，对违法行为的惩戒也是由不同行业的监管部门分别负责。金融、财税、司法、建设等领域分别建立了各自较为完善的行业信用信息系统，并根据工作需要进行数据交换和共享。其中，在信用监管方面发挥重要作用的主要有澳大利亚税务局（Australian Taxation Office）的税号（tax file number）系统、澳大利亚证券和投资委员会（Australia Securities & Investments Commission）的公司代码系统（Australian company number）与商业代码系统（Australian business number）。这些信用信息系统由不同的监管部门负责归集和维护，甚至针对同样类型但不同来源的信用信息也由不同的监管机构负责，如破产信息管理，澳大利亚破产管理分为公司破产和个人破产，前者由《澳大利亚联邦公司法》（Corporations Act）予以规范，由澳大利亚证券和投资委员会管辖，后者由《澳大利亚联邦个人破产法》（Australian Bankruptcy Act）予以规范，并由金融安全局管辖。因此，对于破产信息的管理即分属两个机构管理，公司破产的信息由澳大利亚证券和投资委员会归集与维护，而个人破产的信息（破产人的姓名、生日、住所、破产开始裁定日期及破产程序终结日期等）都会在金融安全局主管的信息数据库"全国个人破产数据库"加以记录，外部人支付一定的费用即可获取信息。[1]

(2) 私营信用运营机构。

在澳大利亚，在信用监管方面发挥主导作用的是私营机构。在信用服务市场上一度存在一二十家信用服务机构，经过市场竞争与淘汰，目前主要有三家比较大的信用服务机构，即艾可飞（Equifax Australia Holdings）、逸林（Illion Australia）和益博睿（Experian Australia Holdings）。其中，艾可飞在澳洲的前身是具有六十多年历史的本土征信机构贝克优势（Baycorp Advantage），而逸林的前身是国际征信巨头邓白氏公司，两家公司在十多年前即已在澳大利亚、新西兰形成规模，艾可飞收集了澳大利亚、新西兰 1.3 亿个人和 5000 万商业实体的信用信息，占有两国个人信用信息业务总量的

---

[1] 金春. 澳大利亚破产法立法改革近况 [EB/OL]. (2016-08-19) [2020-10-18]. http://www.yunqingsuan.com/news/detail/11176.

98%，邓白氏公司占有澳大利亚、新西兰企业信用业务总量的60%。[1] 这些征信服务机构与银行、政府和公共机构合作，获取相应的信用信息，并对这些信用信息进行分析评价，面向个人和商业主体出售信用报告，信用报告会记录相关信贷等经济活动记录及违约违规行为、司法判决、法院传票等情况。

10.2.3.3 澳大利亚"保健食品"行业的信用监管

在澳大利亚，类似中国保健食品的产品被归为医疗产品的其中一类——补充药品（complementary medicines）。对于补充药品企业的监管，澳大利亚没有明确的信用监管制度，但有一些风险管理的具体规定。这些规定针对监管对象违规行为的频率、危害性等划分了不同的风险等级并明确了对等程度的监管措施，实质上是一种信用监管制度设置。

以广告监管为例，澳大利亚治疗产品管理局（Therapeutic Goods Administration）是治疗产品方面的法定监管机构。对治疗产品的广告，该局根据《竞争与消费者法》《2018年治疗产品广告规范》（2018 Therapeutic Goods Advertising Code）等法律法规开展合规活动，处理与不合规广告相关的投诉，对初次、持续或严重不守法的情况，实施从教育指导到监禁、刑罚等不同程度的处罚（见表10.4）。

表10.4 澳大利亚医疗产品广告的信用监管等级与监管措施

违法行为的性质	风险水平	可采取的监管行动
广泛的或有针对性的广告可能针对弱势群体，和/或如果相信广告声称可能导致伤害或损伤。不符合规定的广告引起公众关注或破坏公认的公共卫生信息。 行动：尽快联系相关负责人，指示立即处理有关问题，使用最适当和及时的监管工具	危险	刑事调查或民事诉讼； 给广告客户发注意通知； 向联邦法院申请强制令； 发布公开警告； 合规承诺； 取消或暂停产品。 KPI：在10个工作日内处理所有案例

---

[1] 刘六宴. 考察澳大利亚、新西兰两国信用体系建设的体会与启示［J］. 水利建设与管理，2007（1）：89-90.

续表

违法行为的性质	风险水平	可采取的监管行动
继续涉嫌的广告违规和/或性质较严重的违规，如被禁止或限制的陈述或广告，可能会影响消费者安全或适当使用商品以符合其预期用途的能力。大众广告或潜在地影响行业内的其他人，致使损害消费者的利益。 行动：需要通过电子邮件或电话联系立即采取行动	高	向广告客户发出侵权通知； 发出证实通知书，提供有关广告或散播一般资料的资料或文件； 给广告客户发注意通知； 取消或暂停产品。 KPI：在20个工作日内处理95%的个案
广告客户已知悉其义务，并继续投放不符合规定的广告的持续违规行为。也涉及不被认为是严重的违约，因为广告不太可能导致不适当或过度使用产品。 行动：关于违规的正式警告通知和可用于处理进一步违规的监管工具。该通知要求在14天内做出答复	中	致广告客户的警告信，要求在14天内答复； 发出注意通知； 发出侵权通知； 指导材料； 教育与培训。 KPI：在40个工作日内完成所有情况的95%
在货物的正确内容、标识或使用方面存在误导，一次性的或单独的违反被认为是不严重的。 不是公然的违规行为或广告商持续的漠视。 行动：向广告商发一份义务通知。该通知指出被指控的违规行为及可用于处理进一步违规的监管工具，并包含了帮助未来合规的信息和指导，但不需要做出回应。可以与TGA联系并提出异议	低	指导材料； 教育与培训 KPI：14个工作日内处理95%。 如无回应个案结案，广告客户和商品的详细信息不列入合规审查信息（对外公布）。 被归类为低级别的案例被继续审查，以监控当前或正在进行的广告合规性

资料来源：TGA：How we manage advertising compliance［EB/OL］.（2018-02-15）［2022-03-19］. https://www.tga.gov.au/publication/complaints-handling-advertising-therapeutic-goods-australian-public.

10.2.4 日本

日本是一个高度重视信用的国家。作为资源匮乏的国家，日本经济发展十分依赖贸易，这使企业珍视每一个合作伙伴并致力于建立长期稳定的合作关系，也使日本企业尤为重视诚信的企业文化建设。整体来看，面向企业的信用监管，日本建立了完善的企业信息公开制度和相关法律法规，也建立了以行业协会主导与市场化运作并存的信用调查机制，前者指由各领域行业协会组织推动的信息公开服务与共享，后者则指市场化的征信调查评估机制。

10.2.4.1 日本的信用监管制度

（1）企业信息公示制度。

日本的企业信息公示是协调企业经营自由化与企业经营社会责任关系的必然产物。❶ 从性质上来看，日本的企业信息公示既有法律的强制性要求，也有企业自愿、主动的信息发布。首先，日本制定了完善的企业信息公开的法律制度，包括《商业登记法》《公司法》等法律均明确要求企业有义务进行信息登记与公示。日本《商业登记法》第一条立法目的即明确指出，通过规定登记制度来公示应当登记的事项，以实现维护商号、公司等的信用，并且促进交易安全和便利之目的。其次，除法律强制要求企业公示的信息外，有的企业也积极、主动公示相关信息，这些向社会各方公开的信息通常可以证明自身的信用与能力，从而帮助交易主体决定是否进行交易，以及交易的方式与内容，保障交易的公平与安全。

从内容上来看，日本企业向社会公示的信息主要是与企业经营活动有关的信息，并为社会一般能够利用的信息。❷ 首先，从作为信息供给的企业一方，这些公示的信息要求是与经营活动有关；其次，从信用信息使用方

---

❶ 王伟，等. 企业信息公示与信用监管机制比较研究——域外经验与中国实践[M]. 北京：法律出版社，2020：211.
❷ 宫川公男. 企业信息社会公示的理想方式[J]. 日本统计学会杂志，1992，21(3)：14-18.

角度，这些公示的信息应该是能满足政府与一般消费者对企业经营行为进行监督要求的信息。具体来看，在《商业登记法》中，日本明确了商业登记制度，规定了九种商业登记类型及明确的登记程序和等级效力；在《公司法》中，进一步将各类公司设立、变更、终止时的登记事项和程序进行细化，如对股份公司的信息公示种类可以区分为"知悉权利行使机会的制度""为实现权利而提供信息的制度""为公司关系人而提供信息的制度"。此外，日本的《金融商品交易法》还特别针对股份公司、上市公司的信息公示进行规定，要求向外公示经营报告书、股东资本变动计算书和注释表等内容。扩充的股份公司、上市公司的信息公开内容提升了日本企业信息公开的充分性和国际性，强化了企业的说明责任和经营透明度。

关于企业信息公示的方式，日本的相关法律也做了具体规定，要求公司商业登记需要通过"公告"的方式进行公示，具体的公司公告主要有政府公告、时事日刊报纸上的公告及电子公告等，特别是电子公告制度的建立，大大提高了信息公示的安全与效率。所谓电子公告，就是根据法律规定，公司将需要公示的事项发布到公司网页上的一种公告形式，使公司的利害关系人可以利用互联网查看存取在公司网页上的公告内容。为保证电子公告的合法性，日本建立了电子公告调查程序。同时，法务省等相关部门还会在官方网站建立电子公告链接窗口，向社会提供检索实施电子公告企业的信息服务。[1]

在实践上，日本企业的信息公示与政府信息公开制度的发展密不可分。2000年前后，《行政机关保有信息公开法》《独立行政法人保有信息公开法》等的制定施行，使日本政府开始向社会公开大量免费信息，其中很重要的一部分即是政府依据职权获得的企业信息。目前在日本，公众可获得的内容包括企业登记、破产申请、企业个人纳税、土地房屋状况、环境保护等相关资料，这些信息对于公众评估企业信用提供了有价值的参考信息。

(2) 行业协会的信息公开服务。

在日本，各领域的行业协会和社会组织也在企业信息公开中扮演着重要角色，对推进信用监管发挥着重要作用。

---

[1] 王伟，等. 企业信息公示与信用监管机制比较研究——域外经验与中国实践[M]. 北京：法律出版社，2020：218.

在日本，民事法务协会是与法务局商业登记事务联系最为密切的社会组织。民事法务协会通过和法务局合作，以法务局的官方登记信息为基础向社会提供查询和咨询服务。这些信息帮助社会公众了解相关企业法人在法务局的登记信息，仅收取非常低廉的服务和成本费用。与此同时，民事法务协会还广泛开展调查研究及相关培训，普及企业登记知识和信息公开制度等。

此外，各具体领域的行业协会在日本的信息公开服务中也发挥着重要作用，形成了日本极具特色的行业协会会员企业信息共享和公开机制。不同于政府的强制性推动，日本这种会员制模式通过内部信息公开共享实现了企业信息的采集、处理和使用。这些行业协会会员众多，通过建立专业的企业信息服务系统，为会员企业提供企业信息分享和查询服务，以及本行业的调查研究和情报资料等。一方面，会员企业有义务向协会提供自身掌握的有关企业经营或涉及信用的相关信息；另一方面，协会提供的信息服务也仅限于协会会员企业。例如日本影响力最大的行业协会全国商工会联合会，会员数超过百万，不仅涵盖与国民日常生活关系密切行业的中小企业，而且有大量个体工商业者加入。全国商工会联合会向会员提供所有会员企业的信息检索服务，信息内容包括企业名称、代表人姓名、所在地址、电话、传真、主要产品和相关工厂信息等。比较来看，通过会员制模式提供的企业信用等相关信息更注重实用性，包括量化指标和定性描述，图文并茂，指标更新较为迅速。

（3）日本的企业征信调查。

日本对企业信用的重视也促进了市场化的征信调查发展。日本的征信调查体系分为个人征信和企业征信，以企业为对象的信用调查，也称为"征信调查"。日本拥有亚洲最发达、行业产值最高、历史最悠久的征信行业。[1] 1892年，日本第一家民间信用调查机构"商业兴信所"建立，成为日本征信业最早的起源。

日本的企业征信调查由专门的征信调查公司进行。一般是受需求方委托，征信调查公司通过收集企业公开的信息，如登记信息、政府部门提供的信息、广告媒体刊载的信息，以及征信调查公司自己拥有的信息，如公

---

[1] 为什么日本是亚洲征信最发达的国家？［EB/OL］.（2019-04-25）［2020-10-03］. https://ishare.ifeng.com/c/s/v002wSrB4oyyxlckggT-_DajI6k2MBPGNhaMw4ZOPp5jXtyo__.

司的网络、数据库、统计数据等,进行综合分析后向委托方提供信用调查报告。❶

目前,日本企业征信主要为两家征信机构——帝国数据银行(Teikoku Data Bank,TDB)和东京商工所(Tokyo Shoko Reaserch Ltd.)所垄断。其中,TDB 成立于 1990 年,是日本最大的企业征信机构,主要业务包括企业征信报告、数据库服务、市场战略咨询服务、电子商务认证和信用风险与违约率预测等,已采集数据的公司数量超过 200 万家。东京商工所成立于 1892 年,至今已拥有 80 家分支机构,主要业务包括企业资信调查、个人或法人财产征信、信用管理咨询和出版物等,提供的企业信息主要基于其数千名现场调查员通过企业拜访,以及与企业代表进行访谈搜集而来。

10.2.4.2 日本保健食品的信用监管

(1)分类监管体系。

在日本,保健食品被称为"保健功能食品"(food with health claim,FHC),主要包括特定保健用食品、营养功能食品以及功能性标示食品三种类别❷,日本对这三种保健食品采取分类差异化的监管制度。其中,特定保健用食品是指含有影响机体生理学机能等保健功能成分,标示有特定保健用途的食品。这类保健食品对人体健康成功度影响较高,因此需要实行个别审批许可制,由消费者厅对其进行严格审查。通过对相关保健食品的安全性、功效性、法规相符性等各方面审查后,消费者厅会下发批准证书,而后保健食品生产企业即可在其产品上标识相应的特定保健用食品标识,并进行上市销售。

营养功能食品是指以补充特定营养成分为目的的保健功能食品。日本对这类保健食品的上市监管采取"自我认证制"❸,即不需要经过消费者厅的审批许可、备案,仅需食品生产企业自查其标识的营养成分种类与含量,

---

❶ 王伟,等. 企业信息公示与信用监管机制比较研究——域外经验与中国实践[M]. 北京:法律出版社,2020:225.

❷ 田明,等. 国外保健食品类似产品原料管理的研究与启示[J]. 中国食品学报,2020,20(10):316-320.

❸ 王新喜,邓勇. 日本保健功能食品市场综合治理考察与经验借鉴[J]. 食品科学,2020,41(5):331-337.

符合相关公布的标准后即可上市销售。

功能性标示食品是指基于科学依据进行生产，不以患者为对象，通过摄取该类食品中的"有效成分"，有助于保持或促进身体健康。对于这类功能性标示食品，日本实行备案制，这类食品生产企业只需在上市前60天登录消费者厅的数据库填写相应资料并提交关于备案食品的报告文档进行备案即可。备案完成后相关信息会发布在消费者事务局网站上，以备查阅。[1]

从准入来看，日本根据三类保健功能食品的健康风险差异采取了不同的准入要求，从审批到备案再到"自我认证"，反映了对生产不同类型保健食品的生产企业具有不同层次的监管尺度。对于备案模式或"自我认证"模式，企业显然享有更宽松的上市前市场进入条件，在一定程度上彰显了信用监管的理念。

（2）行业协会的信用治理。

日本对保健食品的信用监管还表现在重视发挥行业协会的治理作用。自20世纪90年代初开始，日本厚生劳动省就注重培育、指导健康食品领域的行业协会，随后日本涌现出诸多有关健康食品的行业组织。以日本健康营养食品协会（Japan Health and Nutrition Food Associatio，JHNFA）为例，这是一个成立于1985年的公益法人，其拥有的会员企业达到近千家，是目前日本规模最大的保健食品类行业协会，其参与保健食品信用监管治理的作用可以概括为以下两个方面。

一方面，开展面向企业的保健食品相关知识、信息、法律法规宣传。通过收集国内外保健食品相关信息并加以传播、宣传、指导，培训协会会员企业和相关行业实行法规相符性的管理制度，以提升企业的信用合规行为。

另一方面，开展保健食品认证以向消费者提供更多保健食品信息。认证是行业协会发挥专业优势，对保健食品的功效、安全、生产过程等的评估认证，推进了保健食品的信息传递，提升了消费者对保健食品的认知和选择能力，对于提升企业的生产规范意识、推进信用治理发挥着基础性作用。而从现实来看，这些获健康营养食品协会认证的保健功能食品的安全性得到了日本社会的广泛认同，标有认证标识的保健食品成为消费者选择

---

[1] 马于巽，段昊，刘宏宇. 日本健康相关食品的分类与管理[J]. 食品工业科技，2019，40（7）：269-272.

的重要参考依据。具体来看，目前日本健康营养食品协会执行的认证计划有三项。❶

一是健康营养食品协会商标认证计划。这是日本健康营养食品协会自成立以来即执行的认证计划。该计划由 JHNFA 制定有关健康食品质量的自愿性标准，申请人被允许在其产品经过严格的审核程序（检查保健功能真实性并确保其符合安全和卫生标准）后显示健康营养食品协会标志。根据要求，被许可方需要每年进行一次测试并报告结果，并每四年进行一次重新评估。截至 2017 年 12 月，大约 300 种产品被允许显示 JHNFA 标志。

二是良好生产规范认证。它是有关产品和原材料的生产控制和质量控制的指南。遵守 GMP 对确保产品和原材料的安全性和质量至关重要。日本健康营养食品协会自 2005 年 4 月以来实施该计划，在调查评估后允许通过认证的工厂在其广告和宣传材料中显示良好生产规范认证标志，良好生产规范认证标志也可以显示在单独批准的产品上。

三是保健食品第三方安全认证计划。该计划旨在确保保健食品的安全。根据该计划，申请人对原材料的安全性进行评估，随后由学术专家组成的审查委员会进行审查。这项计划被认为是日版的"公认安全"原料清单（generally recognized as safe，GRAS），即对于已通过认证为安全的原材料，或已提交申请且已成功通过审核过程的产品可以带有标记。

（3）消费者反馈。

日本保健食品的信用治理体系中，消费者也是重要一环。在市场经济发展中，日本十分重视发挥消费者的意见反馈，通过消费者的意见收集获取实现了对生产者的信用约束。在日本，包括厚生劳动省、农林水产省、消费者厅、食品安全委员会等都提供消费者意见表达的便捷渠道，建立专门意见征集系统，定期组织公开听证会和意见交流会，设置专门的举报热线供消费者提出建议、投诉等。此外，日本还成立了专门的消费者委员会，这是一个由社会人士自发组成的以保护消费者利益为目标的具有独立调查权的监察机构，隶属内阁府管辖。消费者委员会会定时收集有关保健功能食品的市场信息和消费者的消费信息，消费者也可以主动对保健功能食品

---

❶ Japan health and nutrition food association[EB/OL]. (2010-03-15)[2021-08-10]. https://www.jhnfa.org/english-info.html.

生产—流通链上的各个环节、主体提出监督意见并直接报告给消费者委员会，由消费者委员会将消费者意见直接传达给透明性较高的机构组织，并及时对消费者提出的问题进行调查反馈。❶

（4）企业承担主体责任。

日本重视由企业承担主体责任。❷日本保健功能食品生产企业注重自我规制约束，大部分企业都珍视企业声誉，做到严格自律。首先，日本企业重视向社会公众做出安全承诺和倡议，如向社会公众提出安全保障倡议，向消费者声明该企业保健功能食品从研发制造、运输交货再到售后咨询的专业性与安全性标准；其次，积极在企业网站上公布本企业生产保健功能食品的基本安全信息及有关生产制造和质量控制信息供消费者检索查询，保证与消费者的信息对称，提升消费者的信任；最后，日本企业对问题产品普遍的主动召回制度，也向社会公众表明了该企业履行社会职责、自我监管纠错的决心，提升了消费者对保健功能食品企业的认同感。❸

10.2.5 新加坡

10.2.5.1 新加坡的信用监管建设

作为亚洲四小龙之一，新加坡的市场经济建设取得了巨大成就，并常年获得"世界经商环境最好的国家"称号。这在很大程度上得益于新加坡良好的市场信用环境。自建国之初，新加坡就十分重视社会信用体系建设，在政府内部设立了专门的诚信推广委员会，致力于在各行各业推进诚信教育和诚信文化培育。❹具体来看，新加坡的信用监管体系建设可以归纳为以

---

❶ 隋姝妍，小野雅之. 日本食品安全与消费者信赖保障体系的建设及对中国的启示［J］. 世界农业，2012（9）：48-53.

❷ 周素娟，徐琨，王献仁. 日本特定保健用食品与我国保健食品管理的异同［J］. 中国卫生监督杂志，2007（2）：103-105.

❸ 王新喜，邓勇. 日本保健功能食品市场综合治理考察与经验借鉴［J］. 食品科学，2020，41（5）：331-337.

❹ 郝洁. 世界一流城市社会治理的经验及借鉴［J］. 中国经贸导刊，2017（34）：58-60.

下三个方面。

（1）新加坡的企业信息公开。

在新加坡，承担工商企业监管的政府机构是会计和企业监管局（The Accounting and Corporate Regulatory Authority，ACRA）。会计和企业监管局由原公司注册局和公共会计师委员会合并组成。公共会计师委员会于2004年4月1日正式成为法定委员会，承担着商业注册、财务报告、公共会计师和公司服务提供等职责，其目标是致力于使新加坡成为最佳商业场所，为企业蓬勃发展和繁荣提供值得信赖和充满活力的环境。作为国家商业注册机构，新加坡所有的公司都必须在会计和企业监管局登记注册，且注册信息需要向社会公开。因此，会计和企业监管局成立的职责之一即是建立、管理与商业实体和公共会计师有关的文件及信息的存储库，并向公众提供此类文件和信息的访问权限，以推动企业信息公开和透明度建设，进而促进企业与公众之间的贸易和互动，确保公众对这些实体及其经营者有充分的调查了解，进而做出理性决策。

具体来看，新加坡可供公众访问的企业公开信息内容主要包括注册日期、业务活动的性质、企业实体的注册办公室地址和财务报表，以及有关企业所有者、股东、董事和高级管理人员的个人数据，公开可用的个人数据类型包括名称、身份证号码、国籍、居住地址等。

作为高度重视电子政务的国家，新加坡也建设了在线信息检索和归档系统（Bizfile）为公众的企业信息查询提供在线服务。该系统由会计和企业监管局于2004年推出，用于上传、存储和检索在本国注册的企业数据。2016年，在线信息检索和归档系统经历了重大变革，提高了门户网站的速度和效率后，会计和企业监管局将其重新命名为"Bizfile+"。至今，公众通过新系统在支付较为低廉的费用后，能够访问300多种电子服务套件，如提交法定文件、检索和购买与会计和企业监管局注册的商业实体有关的信息等。据相关统计，该系统每年处理超过100万笔交易。

（2）新加坡的征信体系建设。

新加坡具有高度发达的金融业，发达的金融业离不开完善健全的征信服务体系。在新加坡，征信体系建设被视为金融基础设施建设的一部分。伴随市场经济的不断发展壮大，其他行业对信用评级服务的需求也迅速增长，如对内企业希望通过信用风险评估了解自身风险以做好预防，对外企业在选择供应商、合作伙伴时也希望充分了解对方企业的信用状况。新加坡受英国自由主义市场经济影响，其征信行业主要由私营企业运作，具有明显的市场化导向，政府则主要承担着建立完善相关法律法规体系的职能。

新加坡的征信行业同样分为个人征信与企业征信。前者由新加坡征信局（Credit Bureau Singapore，CBS）与新加坡 DP 资讯集团（DP Information Group）提供相关服务；后者面向企业的征信市场则主要由新加坡商业征信局（Singapore Commercial Credit Bureau，SCCB）提供服务。商业征信局由中小企业征信局在 2010 年更名后正式成立，而中小企业征信局的建立则可以追溯到 2004 年，由新加坡邓白氏公司与中小企业协会（The Association of Small & Medium Enterprises，ASME）通过签署合作备忘录的方式建立，成为新加坡第一个中小企业信贷局（contributor），其目的是通过线上平台提供信用风险管理解决方案。

从具体服务来看，新加坡商业征信局提供了"多合一"的信用评估门户网站，通过登录该综合性网站，使用者可以轻松访问在新加坡注册成立的商业实体的各种信息，了解其关注企业或合作伙伴的信用状况，相关信息包括商业登记信息、财务信息、商业行为信息、运营管理信息等。为更有效和简洁地判断企业的信用状况，商业征信局还提供了信用风险指数（new credit risk index，NCRI）和支付指数（payment index，PI）来评价企业信用等级，大大缩短了企业信用分析的成本，有效提高了风险管理水平。❶ 此外，商业征信局还提供信用监控服务，自动监管客户和竞争对手的财务状况、信用情况，当被监控的企业触发诸如诉讼、不利新闻、违约和破产等不利警报时，将及时向订阅企业发送提醒通知，实现对高风险企业的重新评估和重点监控。

（3）新加坡的智慧监管创新。

新加坡电子政务建设具有相当高的水平。在政府治理和监管领域，新加坡也设置了专门的"数据中心委员会"，具体推动"智慧数据管理和监督

---

❶ "高薪养贤，厚禄养廉"的新加坡政府，是如何建设狮城征信业的？[EB/OL]. (2019-05-19)[2021-09-12]. https://www.sohu.com/a/312898013_100169150.

数据质量"❶，并充分运用互联网、大数据、人工智能等现代信息通信技术推动智慧化监管体系构建。

以海关贸易监管来看，新加坡由于面积较小，自然资源匮乏，主要的工业原料和生活必需品都高度依赖进口，这使新加坡进出口贸易高度发达。在跨境电子商务的监管中，新加坡建立了贸易网系统 TradeNet 作为进出口业务唯一的申报平台，贸易网系统在全国范围内实现数据交换，供海关、税务、农粮局、经济发展局等 30 多个政府部门共享信息，向贸易商提供通关、放行服务。同时，海关情报部门以商品和企业为主要线索，利用贸易网系统提供的数据、信息和情报，筛选高风险监管目标并及时发布预警指令，对下一环节提出相应的处置措施和要求，有效进行风险控制。❷ 此外，新加坡在 2019 年 1 月发布了人工智能监管模式框架，该框架主要从内部监管、人工智能抉择的风险管理、营运管理、消费者关系管理四个方面拟定对企业的指导原则及措施。

10.2.5.2 新加坡保健食品的信用监管

在新加坡，保健食品被称为"健康补充剂"（health supplements），是指用于补充饮食，以提高和改善人体的健康功能的任何产品❸，属于辅助健康产品（complementary health product）的范畴。新加坡负责保健食品的监管机构成立于 2001 年 4 月，隶属于新加坡卫生部的卫生科学局（Health Sciences Authority，HSA），其下设三个工作组和一个指挥部，其中健康产品管理工作组（health products regulation group，HPRG）具体负责新加坡健康产品的监管。在监管依据上，新加坡制定了较为完善的健康产品管理方面的法律法规，如《健康产品法令》《药物法令》《药物销售法令》等均有相关规定，也出台了一系列与健康补充剂相关的指南，如《健康补充剂指南》《含有动物成分的健康补充剂的附加要求》等，以建议生产商和销售商认真

---

❶ 王锐. 跨境电子商务内涵探析及国外发展经验对我国的启示［J］. 现代商业，2015（17）：46-48.

❷ 王锐. 跨境电子商务内涵探析及国外发展经验对我国的启示［J］. 现代商业，2015（17）：46-48.

❸ 陈结梅，刘伟德，李振，等. 新加坡辅助健康产品分类和监管体系分析［J］. 中国食物与营养，2019（8）：43-45.

遵循，以确保健康补充剂产品符合安全性、质量和功效标准。❶

整体而言，新加坡对保健食品的监管并未建立明确的信用机制，但其对不同健康产品的风险管理过程，以及重视面向消费者的保健食品信息传播、高风险产品警示及健康素养教育等，均体现了信用监管的理念和智慧。

(1) 加强对高风险厂商和产品的上市后监督检查。

在新加坡所有的健康产品类型中，健康补充剂的监管最为宽松，不需要上市前的审批注册即可进入市场。这使开展上市后监管成为新加坡保健食品监管的重点工作。新加坡对健康补充剂的上市后监管集中体现在对高风险厂商和产品开展执法监督检查上。新加坡卫生科学局根据不良反应报告、投诉举报、生产质量管理规范检查、广告宣传等锁定那些重点检查的产品信息，然后由健康产品管理工作组执法处设专人负责"产品供应链完整性监测"❷，即对高风险产品的各个环节进行主动监督检查，包括生产工厂、进口商、批发商、零售商等进行全方位无死角监测，以便尽早发现假劣产品及其他不符合标准的辅助健康产品。

(2) 建立健康产业不良事件在线数据库。

新加坡重视与健康产品有关的不良事件收集。卫生科学局发布了不良事件报告指南，鼓励消费者、健康产品企业，尤其是医疗保健专业人员在遇到不良事件后及时向其报告。卫生科学局提供面向大众的不良事件在线数据库，使用者可以通过在线搜索查询提交的不良事件报告并从中获取认定企业或产品的可疑不良反应信息。

(3) 促进健康产品信息传播，加强高风险产品提示。

新加坡还注重有关健康产品信息的发布与传播，特别是对高风险产品的公开提示，以确保消费者对健康产品的安全与质量有较高的知晓度。❸ 卫生科学局的官方网站是信息发布的重要平台，网站上清晰注明其职能和用药的安全提示。其中，最有效的是公布了有关非法健康产品的信息数据库，

---

❶ 何丽钦. 新加坡健康补充剂市场准入解读 [C]//标准化助力供给侧结构性改革与创新——第十三届中国标准化论坛论文集. 长沙：中国标准化协会，2016：1214-1220.

❷ 陈蕾，刘萌，张鹭，等. 新加坡健康产品上市后监管政策对中国的启示 [J]. 中国新药杂志，2010 (13)：1108-1111.

❸ 田一芳. 新加坡健康科学局监管经验介绍 [J]. 上海食品药品监管情报研究，2012 (6)：1-2.

向需要健康食品信息的消费者和医疗保健人员通报非法健康产品进而预警潜在风险。数据库的信息主要基于卫生科学局调查或查获的健康产品实际物理样品的分析获得相关信息，提供已监测到的掺假、伪造和不合格的非法健康产品清单的数据库并进行定期更新，数据库包含产品缩略图、产品描述、剂型、剂型颜色、形状等信息。

（4）提供健康产品消费指南，加强健康素养教育。

新加坡重视健康保健教育。卫生科学局编制了众多健康产品相关的教育材料，主要涉及与相关保健产品使用有关的安全问题及优化安全有效使用的建议。这些材料主要涉及两类：一是医师教育材料，强调与产品及其风险缓解措施相关的安全问题，如选择合适的患者组，严格遵守建议的剂量信息，密切监测可能需要治疗的不良事件的早期征兆；二是患者药物治疗指南和患者警报卡，通过医疗保健专业人员分发给其患者或患者看护人，为患者及其护理人员提供有关产品使用的重要信息，如在寻求及时医疗救护时自我监测不良事件的早期征兆和症状。相关教育材料需要负责生产这些产品的公司同意，经卫生科学局批准后在官方网站上予以公布，供相关人士学习参考。

10.3 中外信用监管对比分析及启示

10.3.1 中外信用监管对比分析

通过对典型发达国家信用监管的分析介绍，以及与我国信用监管进行对比研究，我们发现，从征信主体的角度来看，信用监管的模式可以划分为"市场导向型""行业协会导向型"和"政府导向型"三种类型。

（1）市场导向型。

"市场导向型"信用监管的主要特征在于征信主体主要是私营机构，这些私营征信机构只要不侵犯企业的商业秘密，就可以向所有的合法信息用户披露企业的相关信用信息。它们是独立于政府的市场机构，通过收集、加工个人与企业的信用信息来获利。这就意味着，信用管理的运行过程是一种市场行为。当然,"市场导向"并不意味着政府无所作为,政府主要负责信用管理相关法律的制定与执行,进行宏观层面的管理,从而为市场创造一个健康的社会信用环境。"市场导向型"信用监管的代表国家是美国,其已经具备了相对成熟的信息公开环境和相对完善的信用监管法律体系。同时,正是由于立法先行,有相关法律法规的保障,才促进了市场化信用管理的有序发展。

"市场导向型"信用监管的优点:一是在市场化征信模式下,私营征信机构的主体作用使公共财政投入降低,从而减少政府财政压力;二是市场化的征信模式能够更好地遵循市场经济运行及市场化行为选择的规律和特点,从而使征信更有市场针对性和有效性。与此同时,"市场导向型"信用监管的缺点:一是私营机构出于利润和成本的考虑,在征信过程中可能出现恶性竞争,甚至出现危害征信对象信息安全的行为;二是在市场化的征信模式下,会产生大量不同层次的私营征信机构,私营征信机构的差别化征信行为,就会导致信用信息内容的参差不齐,从而不利于国家有关标准和政策的制定。

(2)行业协会导向型。

"行业协会导向型"信用监管的主要特征在于征信主体是行业协会(或称为非营利性社团),也就是说,行业协会负责社会信用信息的搜集和管理工作,同时将信用信息应用于市场监管。行业协会进行信用信息管理并不是以营利为目的。这就意味着,信用管理的运行过程是一种社会自律行为。当然,"行业协会导向型"信用监管也不是完全靠自身就能完成信用信息的搜集和管理工作,同样需要政府的支持。一方面,需要政府制定相关政策和法律法规来保障和规范行业协会的行为;另一方面,需要政府制定相关法律法规来保障征信对象的隐私和信息安全。"行业协会导向型"信用监管的代表国家是日本。日本作为资源匮乏的国家,经济发展十分依赖贸易,这使企业珍视每一个合作伙伴并致力于建立长期稳定的合作关系,尤为重视诚信的企业文化建设。在日本,各领域的行业协会和社会组织在企业信息公开中扮演着非常重要的角色,形成了日本极具特色的行业协会会员企业信息共享和公开机制。不同于政府的强制性推动,日本这种会员制模式通过内部信息公开共享实现了企业信息的采集、处理和使用。这些行业协会会员众多,通过建立专业的企业信息服务系统,为会员企业提供企业信息分享和查询服务,以及本行业的调查研究和情报资料等。

"行业协会导向型"信用监管的优点:一是行业协会的自律管理,能够减少政府的事务,减轻政府的负担,能够节省公共资源的投入;二是行业协会的自律管理,能够充分体现行业的自主性,使信用监管更符合行业自身的特点和规律。与此同时,"行业协会导向型"信用监管的缺点:一是会员制模式容易导致信用信息的相对封闭和垄断,意味着非会员或者不同行业间将很难获取(非隐私)相关信用信息,不利于整个市场信用信息的互联互通;二是"行业协会导向型"信用监管需要良好的社会信用基础,在发展初期也需要政府的大力支持与推动,如果没有良好的社会基础则不具有可持续性。

(3) 政府导向型。

"政府导向型"信用监管的主要特征在于征信主体是政府,政府建立征信机构并由政府指定部门负责管理,行使政府权力对社会信用信息开展搜集归纳工作。也就是说,由政府通过行政职能的履行来进行信用信息的搜集和管理。这就意味着信用信息的管理带有一定的强制性。既然是政府履行行政职能,这种行为一定是为了实现和维护公共利益与公共价值,而不是以营利为目的,这就决定了信用监管行为的性质是公共性的。当然,政府导向并不意味着完全忽视市场和社会组织的作用,而是要在政府宏观调控的基础上尊重市场规律和社会组织的自主性,保障市场和社会组织充分发挥其应有的作用和价值。此外,政府导向也意味着政府要在行使权力的同时,承担信用监管的责任、承担信用监管可能存在的风险。"政府导向型"信用监管的代表国家是中国,我国作为世界第二大经济体,经济体量庞大,经济结构多元复杂,而信用监管工作相对滞后,社会信用信息基础相对薄弱。因此,如上文介绍,我国在现阶段信用监管方面主要靠政府的强有力推动,而且在信用监管的制度建设、政策落实、行政执法等方面已经采取了一系列具体措施。同时,我国也在鼓励和推动市场主体和行业组织探索信用监管的有益做法。

"政府导向型"信用监管的优点:一是政府能够有效整合各类资源,有序汇集各类信息,同时能够通过强制力量打破行业间、企业间的信息壁垒,从而推动信用监管信息的互联互通,实现信用监管政策的整体性落地和实施,为信用社会的建设夯实基础;二是政府不以营利为目的,这样就可以避免市场主体以营利为目的而展开的不正当、恶性竞争，从而确保市场和社会环境的公平有序。与此同时，"政府导向型"信用监管的缺点：一是增加政府的公共投入，加重政府的财政压力，因为信用监管信息的收集、信息平台的建设、信用信息的管理等都需要投入大量人力、物力、财力，势必会增加政府的负担；二是过度的政府导向会削减市场和社会的活力，不利于激发市场和社会的创新力。

从信用监管的过程来看，信用监管可以分解为信用信息记录归集、信用信息评价分级、信用信息共享公开、信用信息使用反馈等四个基本环节。通过对典型发达国家信用监管过程与我国信用监管过程的对比，我们发现，典型发达国家特别重视信用信息评价分级，如美国对保健食品等企业的信用监管有专门的信用公司提供信用评价的产品和服务，这些公司还会跟政府合作，以此来推动信用监管。日本健康营养食品协会通过实行JHFA商标认证计划、GMP认证、保健食品第三方安全认证计划，对会员企业的产品、生产规范、安全性等进行评估论证，标有认证标识的保健食品成为消费者选择的重要参考依据。我国目前尚处于信用监管发展的初级阶段，评估论证尚不成熟，但是比较重视信用信息公示与信用分类，在各地的具体实践过程中对信息公示与信用分类都做出了明确规定。

从信用监管的基础来看，典型发达国家的信用体系建设起步较早，公众和企业的基本信用意识已经大致形成，信息公开的社会环境也比较成熟，这就为信用监管的具体落实奠定了比较好的基础。我国虽然自古以来一直重视诚信建设，但就市场化过程中具体的行业信用监管而言尚处于起步阶段，相关政策举措也还在不断探索中，因此我国的信用监管基础相对比较薄弱。

从信用监管的保障来看，典型发达国家的相关法律法规相对完善，尤其重视对信用信息的保护。比如，美国食品药品监督管理局和联邦贸易委员会及美国50个州的政府机构负责对膳食补充剂行业进行监管。1994年10月25日，《膳食补充剂健康与教育法案》正式出台，构成了美国至今对膳食补充剂监管的基本框架。1966年，美国国会通过的《信息自由法》对信息的公开提出了要求，也提供了依据。同时，对个人信息和隐私的保护更是严之又严。我国关于信用监管的法律法规有待继续完善，目前效力级别最高的行政法规是《企业信息公示暂行条例》，也有一些相关内容散见于其他法律规定中。同时，我国在个人信息的保护工作方面还要继续加强和细化。

10.3.2 中外信用监管对比的启示

通过上文对我国信用监管地主要做法的介绍，以及中外信用监管的对比分析发现，我国"政府主导型"信用监管的进一步推动和完善需要注意以下方面。

10.3.2.1 完善信用监管的法律体系

健全的信用监管法律体系是有效实行信用监管、改善社会信用环境的重要保障和依据。只有完善的法律体系保驾护航，才能确保信用监管的有序、持续落实。典型发达国家已经建立了相对成熟的社会信用体系，相关法律法规也比较健全，我国的信用监管起步晚，因此，可以在借鉴典型发达国家的有益经验和做法的基础上，结合我国实际，尽快出台信用监管方面的法律法规，提升立法效力层级，从而满足企业信用监管实践的立法需求。一方面，要尽快出台全国性的立法；另一方面，要增加地方立法中法规和规章的比例，不只停留在规范性文件的效力层级。

10.3.2.2 加强信用监管的顶层设计

信用监管是一套系统的、成体系的制度安排。在我国，信用监管面临着行业间、区域间差别的现实状况，这种差异的客观存在就会造成地方实践的多元化，而这种多元化的实践势必会造成信用信息的分割，不利于互联互通。因此，加强信用监管的顶层设计是一项非常紧迫的工作。通过顶层设计为地方实践指明方向，也为区域间的互联互通搭建桥梁、为行业间的互联互通建立标准。顶层设计一方面要从立法、政策制定、方案实施、保障机制等多个纵向层次来通盘考虑，另一方面还要从政府与市场、政府与社会、区域之间、制度之间的协调层面来整体考虑。顶层设计关乎信用监管的全局和长远发展。

10.3.2.3 发挥市场与社会的能动性

虽然在信用监管中政府是起主导作用的，包括法律法规的制定、保障措施的出台等，但是政府的作用毕竟有限，市场和社会的力量同样不可小视。随着市场在资源配置中起决定性作用,社会组织参与意愿和能力的增强,政府要充分地认识到市场和社会的优势,充分发挥市场和社会在信用监管中的优势作用。一方面,市场与社会的能动性能够激发各主体的活力,使信用行为更符合市场规律和社会需求。另一方面,市场与社会功能的发挥也为政府减轻了负担。如何在政府的主导下,充分发挥和利用市场与社会的能动力量将是信用监管所面临的一大挑战。

10.3.2.4 平衡信息公开与信息保护

对于信用监管而言,信息公开不仅是整个流程中必不可少的一个基本环节,也是信用监管得以实现的一项制度要求,因为信息公开是监管主体进行监管的基本前提。但是,信息公开并不意味着任何人可以在任何时间查阅监管对象的任何信息,因为对于企业而言信用信息会涉及商业机密,对于个人而言信用信息会涉及个人隐私,所以对信用信息的保护也尤为重要,对信息公开也要有相关的制度保障。这就需要平衡信息公开与信息保护。对此我们可以构建多层级的信息公示制度,明确不同信用信息公示的范围,增加申请异议的救济制度。同时,通过出台信息保护的法律法规,来保障信用信息在合法合理的范围内充分公开。

参考文献

[1] 胡颖廉. "中国式"市场监管：逻辑起点、理论观点和研究重点 [J]. 中国行政管理，2019 (5)：22-28.

[2] 吴学军，朱文兴. 经济信用机制的缺失与建立 [J]. 国家行政学院学报，2003 (4)：51-54.

[3] 王瑞雪. 政府规制中的信用工具研究 [J]. 中国法学，2017 (4)：158-173.

[4] 魏明，王琼，褚俊虹. 信用制度的变迁与我国信用制度的建设 [J]. 管理世界，2006 (2)：148-149.

[5] 朱塞佩-格罗索. 罗马法史 [M]. 黄风，译. 北京：中国政法大学出版社，1994：234.

[6] SELZNICK P. Focusing organisational research on regulation[M]// NOLL R G. Regulatory policy and the social sciences. Berkeley：University of California Press，1985：363.

[7] 宋华琳. 迈向规制与治理的法律前沿——评科林·斯科特新著《规制、治理与法律：前沿问题研究》[J]. 法治现代化研究，2017 (6)：182-192.

[8] 斯帕罗. 监管的艺术 [M]. 周道许，译. 北京：中国金融出版社，2006：17-49.

[9] 袁文瀚. 信用监管的行政法解读 [J]. 行政法学研究，2019 (1)：18-31.

[10] 张维迎. 市场与政府 [M]. 西安：西北大学出版社，2014：102.

[11] 王湘军，刘莉. 冲击与重构：社会变迁背景下我国市场监管手段探论 [J]. 中共中央党校（国家行政学院）学报，2019 (2)：102-111.

[12] 陈兴华. 市场主体信用承诺监管制度及其实施研究 [J]. 中州学刊，

2019 (5)：53-60.

[13] LSEN B E,SORENSEN K E. Strengthening the enforcement of CSR guidelines:finding a new balance between hard law and soft law[J]. Legal issues of economic integration,2014(1):9-35.

[14] 吴元元. 信息基础、声誉机制与执法优化：食品安全治理的新视野 [J]. 中国社会科学, 2012 (6)：116-134.

[15] 金玉笑. "信用"的内涵与边界 [J]. 浙江经济, 2019 (20)：116-134.

[16] 吴元元. 食品安全信用档案制度之建构：从信息经济学的角度切入 [J]. 法商研究, 2013 (4)：11-20.

[17] 视丽丽，周雨，吴瀚然. 强化行业自律完善市场信用监管 [J]. 宏观经济管理, 2019 (7)：28-33.

[18] 陈兴华. 市场主体信用承诺监管制度及其实施研究 [J]. 中州学刊, 2019 (5)：53-60.

[19] 布雷耶. 规制及其改革 [M]. 李洪雷, 等, 译. 北京：北京大学出版社, 2022：162-191.

[20] HO D E. Fudging the nudge:information disclosure and restaurant grading[J]. The Yale law journal,2012,122(3):574-688.

[21] 王瑞雪. 公法视野下的信用联合奖惩措施 [J]. 行政法学研究, 2020 (3)：82-94.

[22] 吴韬. 企业信用信息公示制度研究 [D]. 上海：华东政法大学, 2017：6.

[23] 应飞虎，涂永前. 公共规制中的信息工具 [J]. 中国社会科学, 2010 (4)：116-131.

[24] 王克稳. 论行政审批的分类改革与替代性制度建设 [J]. 中国法学, 2015 (2)：5-28.

[25] 徐晶心. 政府主导下的国家企业信用信息公示系统管理研究 [D]. 上海：华东政法大学, 2018：48.

[26] 李利智. 信用监管正当其时 [J]. 浙江经济, 2018 (23)：44-44.

[27] 马国建，梅强，杜建国. 中小企业信用监管路径演化研究 [J]. 系统管理学报, 2011 (2)：168-174.

[28] 亨廷顿. 现代化：理论与历史经验的再探讨 [M]. 罗荣渠, 译. 上海：上海译文出版社, 1993：111.

[29] 亨廷顿. 变化社会中的政治秩序 [M]. 李盛平, 等, 译. 北京: 华夏出版社, 1998: 32.

[30] 孙立平. 社会转型: 发展社会学的新议题 [J]. 开放时代, 2008 (2): 57-72.

[31] 贝克, 吉登斯, 拉什. 自反性现代化 [M]. 赵文书, 译. 北京: 商务印书馆, 2001: 6-7.

[32] 马克思恩格斯全集: 第46卷上 [M]. 北京: 人民出版社, 1979: 104.

[33] 李继武. 也论现代性、现代化的宏大背景与生长点 [J]. 南京政治学院学报, 2009 (1): 28-32.

[34] 张仁慧, 丁文峰. 论经济现代化的三大规律 [J]. 人文杂志, 2004 (6): 64-70.

[35] 张炜达. 我国古代食品安全监管 [J]. 政府法制, 2011 (8): 8.

[36] BRAITHWAITE J. Regulatory capitalism: how it works, ideas for making it work better[M]. Cheltenham: Edward Elgar, 2008: 12-14.

[37] 刘鹏. 比较公共行政视野下的监管型国家建设 [J]. 中国人民大学学报, 2009 (5): 131.

[38] 吴承明. 传统经济·市场经济·现代化 [J]. 中国经济史研究, 1997 (2): 1-5.

[39] EDWARD G, SHLEIFER A. The Rise of Regulatory State[J]. Journal of Economic Literature, 2003, 41(2): 401-425.

[40] 刘树杰. 论现代监管理念和我国监管现代化 [J]. 经济纵横, 2011 (6): 1-7.

[41] 杨炳霖. 从"政府监管"到"监管治理" [J]. 中国政法大学学报, 2018 (2): 90-104.

[42] FESLER J W. Independence of state regulatory agencies[J]. The American political science review, 1940, 34: 936.

[43] MAJONE G. Two logics of delegation: agency and fiduciary relations in EU governance[J]. European Union Politics, 2001, 2(1): 103-122.

[44] MCCUBBINS M. The legislative design of regulatory structure[J]. American journal of political science, 1985, 29(4): 721-748.

[45] ÇETIN T, ZAHID S M, MEHMET N. Independence and accountability of independent regulatory agencies: the case of Turkey[J]. European journal of

law and economics,2016,41:602.

[46] BERTELLI A M,WHITFORD A B. Perceiving credible commitments:how independent regulators shape elite perceptions of regulatory quality[J]. British journal of political science,2009,39(3):520.

[47] 邢鸿飞,徐金海. 论独立规制机构:制度成因与法理要件[J]. 行政法学研究, 2008 (3): 92-99.

[48] 苏自强,范方志. 美联储独立性研究[J]. 绵阳师范学院学报,2005 (6): 12-16.

[49] 马英娟. 监管的概念:国际视野与中国话语[J]. 浙江学科,2018 (4): 49-62.

[50] 哈罗,罗林斯. 法律与行政[M]. 杨伟东,等译. 北京:商务印书馆, 2004: 557.

[51] OECD. Recommendation of the council of the OECD on improving the quality of government regulation[R]. Paris:OECD/GD,1995:46.

[52] The World Bank. Doing business 2019[EB/OL].(2020-01-20)[2021-10-30]. http://www.doingbusiness.org/content/dam/doingBusiness/media/Annual-Reports/English/DB19-Chapters/DB19-About-Doing-Business.pdf.

[53] 李东霖. 营商环境评价分析与借鉴[J]. 三江论坛, 2019 (3): 42-48.

[54] 谢宜泽. 国际比较指标的统计口径与适用范围——以 PPP、WGI、CPI 为例[J]. 当代经济科学, 2018 (4) 29-38.

[55] OECD. Policy recommendation on regulation reform[R]. Paris:OECD Publishing,1997:33-45.

[56] OECD. Guiding principles for regulation quality and performance[R]. Paris:OECD Publishing,2005:38-44.

[57] OECD. Indicators of regulation management systems[R]. Paris:OECD Publishing,2007:1-10.

[58] ODI. Making sense of governance:the need for involving local stakeholders[EB/OL].(2003-01-01)[2019-02-01]. https://www.odi.org/sites/odi.org.uk/files/odi-assets/projects-documents/241.pdf.

[59] 俞可平. 衡量国家治理体系现代化的基本标准[N]. 南京日报, 2013-12-10 (A07).

[60] 何增科. 理解国家治理及其现代化[J]. 马克思主义与现实, 2014

（1）：11-15.

[61] OECD. Indicators of regulation management systems[R]. Paris：OECD Publishing, 2007：60.

[62] 张秉福. 论社会性管制政策工具的选用与创新[J]. 华南农业大学学报（社会科学版），2010（2）：74-80.

[63] 周东旭. 行政主导立法的弊端[J]. 领导文萃，2016（10）：29-33.

[64] 邱丽芳. 李克强：加强公正监管营造公平竞争市场环境[EB/OL].（2018-09-13）[2019-01-18]. http://www.xinhuanet.com/politics/leaders/2018-09/13/c_1123426743.htm.

[65] 蓝志勇. "公共失灵论"替代"市场失灵论"——市场监管理论的国外借鉴与创新[J]. 中国工商管理研究，2015（12）：9-12.

[66] 邱玥，等. 2019年，我们收获的那些民生红利[N]. 光明日报，2020-01-02（11）.

[67] 胡颖廉. 中国食品安全监管体制演进[N]. 第一财经日报，2018-08-14（A11）.

[68] 昨天，国家药监局三定方案出台！市县级局负责药品经营的监督和查处[EB/OL].（2018-09-11）[2020-04-16]. https://www.sohu.com/a/253215148_100258670.

[69] 2019年全国新设市场主体2179万户[EB/OL].（2019-12-28）[2020-04-16]. http://www.gov.cn/shuju/2019-12/28/content_5464620.htm.

[70] 薛澜，李希盛. 深化监管机构改革，推进市场监管现代化——以杭州市为例[J]. 中国行政管理，2019（8）：21-29.

[71] 组建国家市场监督管理总局意义：市场监管进入新阶段[EB/OL].（2018-04-02）[2020-03-16]. https://news.china.com/domesticgd/10000159/20180402/32261146_1.html.

[72] 刘亚平，梁芳. 监管国家的中国路径：以无证查处为例[J]. 学术研究，2018（9）：44-52.

[73] 胡颖廉. "十三五"期间的食品安全监管体系催生：解剖四类区域[J]. 改革，2015（3）：72-81.

[74] 刘亚平，文净. 超越机构重组：走向调适性监管[J]. 华中师范大学学报（人文社会科学版），2018（1）：10-16.

[75] 重点抓好"七个着力"数说2019年市场监管[EB/OL].（2020-01-

05）[2020-08-12]. http://www.xichu.net/sybk/fxxf/2020/01/2020-01-05449621.html.

[76] 药监局印发推进药品智慧监管行动计划[EB/OL]. (2019-06-24)[2020-08-12]. http://www.gov.cn/fuwu/2019-06/24/content_5402671.htm.

[77] 国家药监局发布系列 App 移动互联网助力药品监管[EB/OL]. (2019-08-03)[2020-08-12]. http://www.sfdaic.org.cn/business/2019/0806/1130.html.

[78] 高秦伟. 分散抑或合并——论食品安全监管机构的设置［M］//傅蔚冈，宋华琳. 规制研究（第1辑）. 上海：格致出版社，2008：53-78.

[79] 赵学刚. 统一食品安全监管：国际比较与我国的选择［J］. 中国行政管理，2009（3）：103-107.

[80] 于志勇. 改革食品安全监管机构：美国的经验与思考［J］. 特区经济，2012（1）：89-91.

[81] 刘亚平. 美国进步时代的管制改革——以食品安全为例［J］. 公共行政评论，2008（2）：120-143.

[82] 蒋绚. 集权还是分权：美国食品安全监管纵向权力分配研究与启示［J］. 华中师范大学学报（人文社会科学版），2015（1）：35-45.

[83] 曹正汉，周杰. 社会风险与地方分权——中国食品安全监管实行地方分级管理的原因［J］. 社会学研究，2013（1）：182-205.

[84] US Government Accountability Office. Food safety：FDA coordinating with stakeholders on new rules but challenges remain and greater tribal consultation needed[R]. Washington, DC：US Government Accountability Office, 2016：3-15.

[85] MERRILL R A, FRANCER J K. Organizing federal food safety regulation[J]. Seton hall law review, 2000(61):20.

[86] 竺乾威. 有限政府与分权管理——美国公共管理模式探析［J］. 上海师范大学学报（哲学社会科学版），2013（3）：38-45.

[87] 希尔茨. 保护公众健康——美国食品药品百年监管历程［M］. 姚明威，译. 北京：中国水利水电出版社，2006：235-239.

[88] HECLO H. Issue and the executive establishment[M]//KING A. The new American political system. Washington, DC：American Enterprise Institute, 1978：87-124.

[89] US Government Accountability Office. Food safety and security:fundamental changes needed to ensure safe food[R]. Washington,DC:US Government Accountability Office,2002:3.

[90] GERHART N. The FDA & the FTC:an alphabet soup regulating the misbranding of food[EB/OL]. (2002-04-30)[2019-02-11]. https://dash.harvard.edu/bitstream/handle/1/8965563/Gerhart.html?.

[91] 何雅静，李乐，等. 美国鲶鱼监管措施跟踪及中国的应对策略[J]. 世界农业，2016(7)：121-125.

[92] GAO High-risk series:an update[R]. Washington,DC:US Government Accountability Office,2007:18-23.

[93] GAO Federal food safety oversight:food safety working group is a positive first step but governmentwide planning is needed to address fragmentation[R]. Washington,DC:US Government Accountability Office,2011:44-51.

[94] GAO High-risk series:an update[R]. Washington,DC:US Government Accountability Office,2015:51-55.

[95] GAO Food safety:a national strategy is needed to address fragmentation in federal oversight[R]. Washington,DC:US Government Accountability Office,2017.

[96] MERRILL R A, FRANCER J K. Organizing federal food safety regulation[R]. Seton Hall Law Review,2000,31(61):166-167.

[97] 詹姆斯·麦格雷戈·伯恩斯，等. 民治政府——美国政府与政治[M]. 20版. 吴爱明，译. 2007：422.

[98] US Government Accountability Office. Food safety:a national strategy is needed to address fragmentation in federal oversight[R]. Washington,DC:US Government Accountability Office,2017:8-20.

[99] ARNSTEIN S E,LLP L. Trump administration proposes consolidating federal food safety responsibilites into single agency at USDA, renaming FDA the "Federal Drug Administration"[EB/OL]. (2018-06-26)[2019-07-23]. https://www.jdsupra.com/legalnews/trump-administration-proposes-69831/.

[100] 吴强. 略论19世纪美国的食品立法及其对当代中国的启示[J]. 江南大学学报（人文社会科学版），2012(4)：126-132.

[101] 刘亚平. 美国进步时代的管制改革——以食品安全为例[J]. 公共

行政评论,2008(2):120-142.

[102] 杨士龙. 从《北卡鸡蛋法》看美国食品安全监管[J]. 东北之窗,2015(4):16-19.

[103] 施瓦辛格签法案为母鸡维权:笼里能自由伸展鸡脚[EB/OL]. (2010-07-07)[2019-08-11]. http://www.chinanews.com/gj/2010/07-07/2387366.shtml.

[104] LEVINSON D R. Vulnerabilities in FDA's oversight of state food facility inspections[R]. Washington,DC:US Office of Evaluation and Inspections,2011:i-3.

[105] US Government Accountability Office. Federal food safety oversight: food safety working group is a positive first step but governmentwide planning is needed to address fragmentation[R]. Washington,DC:US Government Accountability Office,2011:5-8.

[106] US Government Accountability Office. Federal food safety oversight: additional actions needed to improve planning and collaboration[R]. Washington,DC:US Government Accountability Office,2015:3.

[107] TAI S. Whole foods: the FSMA and the challenges of defragmenting food safety regulation[J]. American Journal of Law & Medicine,2015(41):451.

[108] TAYLOR M R,DAVID S D. Stronger partnerships for safer food: an agenda for strengthening state and local roles in the nation's food safety system[R]. Washington, D. C.: Department of Health Policy, School of Public Health and Health Services,the George Washington University,2009:19.

[109] US Government Accountability Office. Food safety: agencies need to address gaps in enforcement and collaboration to enhance safety of imported food[R]. Washington,DC:US Government Accountability Office,2009:7.

[110] 邱琼. 美国食品安全监管事权划分及其对我国的启示[J]. 社会治理,2016(5):130-135.

[111] KUSZAK A J,HOPP D C,et al. Approaches by the U. S. National Institutes of Health to support rigorous scientific research on dietary supplements and natural products[J]. Drug testing & analysis,2016,8(3-4):413-417.

[112] BAILEY R L,GAHCHE J J,et al. Dietary supplement use in the United States,2003-2006[J]. Journal of nutrition,2011,141(2):261-266.

[113] SWANN J P. The history of efforts to regulate dietary supplements in the USA[R]. Drug testing & analysis,2016,8(3-4):271-282.

[114] IHDE A J. The development of modern chemistry[M]. New York:Harper & Row,1964:644-648.

[115] YOUNG J H. Pure food:Securing the Federal Food and Drugs Act of 1906 [M]. Princeton:Princeton University Press,1989:3-33.

[116] WALKER S. Permissible dose:a history of radiation protection in the twentieth century[M]. Berkeley:University of California Press,2000:3-6.

[117] 爱波. 健康的骗局——维生素的另类历史 [M]. 王明娟, 译. 北京：中国友谊出版社, 2009: 5-173.

[118] WILLSON J. Sales[M]. Cambridge:Cambridge University Press,1924:244.

[119] LAW M T. The origins of state pure food regulation[J]. The journal of economic history,2003(4):1103.

[120] CULLEN F J. The purpose of the federal food and drugs act[J]. Food Drug Review,1932,16:57.

[121] 希尔茨. 保护公众健康——美国食品药品百年监管历程 [M]. 姚明威, 译. 北京：中国水利水电出版社, 2006: 73-86, 232.

[122] GERHART N. The FDA & the FTC:an alphabet soup regulating the misbranding of food[EB/OL]. (2002-04-30)[2019-03-28]. https://dash.harvard.edu/bitstream/handle/1/8965563/Gerhart.html.

[123] LEV L L. The nutrilite consent decree[J]. Food drug cosmetic law journal, 1952(7):57.

[124] KASSEL M A. From a history of near misses:the future of dietary supplement regulation[J]. food drug law journal,1994,49:237-261.

[125] WHITE S R. Chemistry and controversy:regulating the use of chemicals in foods,1883—1959[D]. Atlanta GA:Emory University,1994:259.

[126] LIPSET S M,SCHNEIDER W. The confidence gap[M]. New York:Free Press,1983:83.

[127] APPLE R D. Vitamania:vitamins in American culture[M]. New Brunswick:Rutgers University Press,1996:8-32.

[128] US Government Accountability Office. Food safety:improvement needed in overseeing the safety of dietary supplements and "functional foods" [R].

Washington,DC:US Government Accountability Office,2000:3-30.

[129] THIELKING M. How linus pauling duped America into believing vitamin c cures colds[EB/OL]. (2015-01-15)[2019-02-19]. https://www.vox.com/2015/1/15/7547741/vitamin-c-myth-pauling.

[130] OFFIT P. The vitamin myth:why we think we need supplements[EB/OL]. (2013-07-19)[2018-06-12]. https://www.theatlantic.com/health/archive/2013/07/the-vitamin-myth-why-we-think-we-need-supplements/277947/?utm_source=twb.

[131] HEGEFELD H A. Overview of federal regulation of dietary supplements: past, present, and future trends[EB/OL]. (2000-03-29)[2018-05-25]. https://dash.harvard.edu/bitstream/handle/1/8846738/Hegefeld,_Heather.pdf?sequence=1.

[132] GILHOOLEY M. Herbal remedies and dietary supplements:the boundaries of drug claims and freedom of choice[J]. Florida law review, 1997, 49:679.

[133] ZIKER D. What lies beneath:an examination of the underpinnings of dietary supplement safety regulation[J]. American journal of law & medicine, 2005,31:270.

[134] PINCO R,HALPERN T H. Guidelines for the promotion of dietary supplements:examining government regulation five years after enactment of the dietary supplement health and education act of 1994[J]. Food drug law journal,1999,54:67-579.

[135] HARRIS I M. Regulatory and ethical issues of dietary supplements[J]. Pharmacotherapy,2000,20:1295-1302.

[136] PILLITTERI J J,SHIFFMAN S,et al. Use of dietary supplements for weight loss in the United States:results of a national survey[J]. Obesity,2007,16(4):790.

[137] US Government Accountability Office. Dietary supplements—FDA may have opportunities to expand its use of reported health problems to oversee products[R]. Washington, DC: US Government Accountability Office, 2013: 1,25.

[138] MCCANN M A. Dietary supplement labeling:cognitive biases,market ma-

nipulation & consumer choice[J]. American journal of law & medicine, 2005,31:215.

[139] KERLAN I. Reporting adverse reactions to drugs[J]. Bulletin American society of hospital pharmacists,1956,13:311.

[140] KESSLER D A, NATANBLUT S, et al. Introducing medwatch: a new approach to reporting medication and device adverse effects and product problems[J]. JAMA,1993,269:2765.

[141] US Government Accountability Office. Dietary supplements—FDA should take further actions to improve oversight and consumer understanding[R]. Washington,DC:US Government Accountability Office,2009:12-31.

[142] SCARBROUGH B. Dietary supplements: a review of United States regulation with emphasis on the dietary supplement health and education act of 1994 and subsequent activity[EB/OL]. (2004-04-30)[2018-07-28]. https://dash.harvard.edu/bitstream/handle/1/8852160/Scarbrough.pdf?sequence=1.

[143] REDHEAD C S, VOGT D U, et. Public health security and bioterrorism preparedness and response act(P.L.107-188):provisions and changes to preexisting law[R]. Washington,DC:Congressional Research Service Reports,2002:21.

[144] KAPOOR A, SHARFSTEIN J M. Breaking the gridlock: regulation of dietary supplements in the United States[J]. Drug testing & analysis, 2016, 8:425.

[145] COHEN P J. Science, politics, and the regulation of dietary supplements: time to repeal DSHEA[J]. American journal of law & medicine, 2005, 31:190.

[146] CORBY-EDWARDS A K. Regulation of dietary supplements[J]. Jama, 2014,15(9):410-414.

[147] ADAMS J M, TALATI A R. NDI guidance: the waiting game[EB/OL]. (2017-10-30)[2018-03-22]. https://www.raps.org/regulatory-focus%E2%84%A2/news-articles/2017/10/ndi-guidance-the-waiting-game.

[148] GUALLAR E, STRANGES S, et al. Enough is enough: stop wasting money

on vitamin and mineral supplements[J]. Ann intern Med,2013,159:850-851.

[149] KANIKLIDIS C. Muti-vitamin mineral supplementation -enough is not enough:review of micronutrient deficiencies [EB/OL]. (2014-01-06) [2018-05-22]. https://www.researchgate.net/publication/262914879.

[150] STARR R R. Too little, too late: ineffective regulation of dietary supplements in the United States[J]. American journal of public health,2015,105(3):478.

[151] Office of Evaluation and Inspections. Dietary supplements: structure/function clamis fall to meet federal requirements[R]. Washington,DC:Office of Evaluation and Inspections,2012:16.

[152] US Government Accountability Office. Herbal dietary supplements: examples of deceptive or questionable marketing practices and potentially dangerous advice[R]. Washington,DC:US Government Accountability Office,2010:1-12.

[153] STARR R. Should states and local goverment regulate dietary supplements?[J]. Drug testing & analysis,2016,8:402-406.

[154] SMITH C. Supplements and the feds[N]. Salt Lake tribune,2001-05-21(A8).

[155] COHEN P A. DMAA as a dietary supplement ingredient[J]. Archives of internal medicine,2012,172(13):1038.

[156] HANCHER L,MORAN M. Organizing regulatory space[M]//HANCHER L,MORAN M. Capitalism culture and economic regulation. Oxford:Clarendon Press,1989:271-299.

[157] Council for Responsible Nutrition. 2019 CRN consumer survey on dietary supplements: consumer intelligence to enhance business outcomes[EB/OL]. (2020-05-10) [2021-02-19]. https://www.crnusa.org/resources/2019-crn-consumer-survey-dietary-supplements-consumer-intelligence-enhance-business.

[158] KAPOOR A,SHARFSTEIN J M. Breaking the gridlock:regulation of dietary supplements in the United States[J]. Drug testing & analysis,2016,8(3-4):424-430.

[159]《2020年保健品行业白皮书》:以营养保健食品维持健康成为一种生活方式[EB/OL]. (2020-05-27)[2021-10-02]. http://www.cfoodw.com/n/27452.html.

[160] ANNETTE D. History and overview of DSHEA[J]. Fitoterapia, 2011, 82 (1):5-10.

[161] HEGEFELD H A. Overview of federal regulation of dietary supplements: past, present, and future trends[EB/OL]. (2002-04-30)[2020-10-20]. http://nrs.harvard.edu/urn-3:HUL.InstRepos:8846738.

[162] GERALD W. Dietary supplements: a historical examination of its regulation [EB/OL]. (2002-04-30)[2020-10-20]. http://nrs.harvard.edu/urn-3:HUL.InstRepos:8852130.

[163] SWANN J P. The history of efforts to regulate dietary supplements in the USA[J]. Drug testing & analysis, 2016, 8:271-282.

[164] BAILEY R L. Current regulatory guidelines and resources to support research of dietary supplements in the United States[J]. Critical reviews in food science and Nutrition, 2018, 60(11):1-12.

[165] DWYER J, COATES P, et al. Dietary supplements: regulatory challenges and research resources[J]. Nutrients, 2018, 10(1):41.

[166] HEGEFELD H A. Overview of federal regulation of dietary supplements: past, present, and future trends[EB/OL]. (2000-03-30)[2020-10-20]. http://nrs.harvard.edu/urn-3:HUL.InstRepos:8846738.

[167] AOAC International Guideline Working Group. AOAC international guidelines for validation of botanical identification methods[J]. J. AOAC Int., 2012, 95(1):268-272.

[168] 赵洪静, 宛超, 张李伟. 美国膳食补充剂管理案例分析及启示[J]. 国际中医中药杂志, 2016 (6):487-491.

[169] DANIEL LR. Dietary supplements: structure/function claims fail to meet federal requirements[EB/OL]. (2012-10-03)[2019-09-11]. http://sfsbm.org/wiki2/images/OIGDietarySupplements2012.pdf.

[170] 孙桂菊. 我国保健食品产业发展历程及管理政策概述[J]. 食品科学技术学报, 2018, 36(2):12-20.

[171] SHAO A. Global market entry regulations for nutraceuticals, functional foods,

dietary/food/health supplements[M]//BAGCHI D,NAIR S. Developing new functional food and nutraceutical products. Amsterdam:Academic Press,2017:279-290.

[172] SWANN J P. The history of efforts to regulate dietary supplements in the USA[J]. Drug testing & analysis,2016,8:271-282.

[173] WALLACE T C. Twenty years of the dietary supplement health and education act:how should dietary supplements be regulated? [J]. Journal of nutrition,2015,145(8):1683-1686.

[174] LEDOUX M A,APPELHANS K R,et al. A quality dietary supplement:before you start and after it's marketed:a conference report[J]. European journal of nutrition,2015,54(1):1-8.

[175] STARR R. Should states and local governments regulate dietary supplements? [J]. Drug testing & analysis,2015,8:402-406.

[176] KAUR S D. A comparative analysis of post-market surveillance for natural health products(NHPs)[D]. Ottawa:University of Ottawa,2013:17-18.

[177] KINGSTON R. Challenges in collecting,accessing and evaluating post market surveillance AERS in patients receiving dietary supplements [J]. Thrombosis research,2005,117(1-2):137-144.

[178] LEDOUX M A,APPELHANS K R,et al. A quality dietary supplement:before you start and after it's marketed:a conference report[J]. European journal of nutrition,2015,54(1):1-8.

[179] DART R C. Monitoring risk:post marketing surveillance and signal detection[J]. Drug & alcohol dependence,2009,105:26-32.

[180] COHEN P A. Hazards of hindsight—monitoring the safety of nutritional supplements[J]. New england journal of medicine,2014,370(14):1277-1280.

[181] 刘亚平，梁芳. 监管国家的中国路径：以无证查处为例 [J]. 学术研究，2018（9）：44-52.

[182] 靳文辉. 公共规划：话语、理论与实践 [M]. 北京：中国社会科学出版社，2022：72-96.

[183] HAMBURG M A. Innovation,regulation,and the FDA[J]. New England journal of medicine,2010,363(23):2228-2232.

[184] SHAO A. Global market entry regulations for nutraceuticals,functional foods,

dietary/food/health supplements[M]//BAGCHI D,NAIR S. Developing new functional food and nutraceutical products. Amsterdam: Academic Press, 2017:279-290.

[185] GERSHWIN M E,BORCHERS A T,et al. Public safety and dietary supplementation[J]. Annals of the New York academy of sciences,2010,1190:104-117.

[186] 朱光明. 日本独立行政法人化改革及其对中国的启示 [J]. 国家行政学院学报，2005（2）：87-90.

[187] 毛桂荣. 日本独立行政法人制度述评 [J]. 公共管理研究，2009（7）：195-215.

[188] 王勇. 日本药品审批独立行政公法人制度 [J]. 中国党政干部论坛，2016（3）：59-61.

[189] 郭志鑫，李见明. 中国与日本、OECD "GLP" 规范的比较 [J]. 中国药事，2008（5）：361-383.

[190] Japan-EC mutual recognition agreement[EB/OL]. (2018-07-18)[2018-12-03]. http://www.mofa.go.jp/region/europe/eu/agreement.html.

[191] ANAHARA R. Good laboratory practice inspections in Japan between fiscal years 2009—2011[J]. Therapeutic innovation & regulatoryence, 2013, 47(4):424-429.

[192] 刘云涛. 严把特殊食品安全关推动产业健康发展——访国家食品药品监督管理总局特殊食品注册管理司司长王红 [N]. 中国医药报，2017-08-11（1）.

[193] 孙超. 消费升级下中国保健食品市场新增千亿规模，行业亟待洗牌和变革[EB/OL].（2017-02-20）[2018-03-19]. http://www.jiemian.com/article/1122343.html.

[194] 徐亚静. 营养保健食品市场，谁是风口上的"猪" [N]. 中国医药报，2016-12-08（7）.

[195] 赵兵辉. 保健品线上销售将占半壁江山 [N]. 南方日报，2016-03-25（B02）.

[196] 王卡拉. 跨境电商成保健食品售假重灾区 [N]. 新京报，2016-03-15（D03）.

[197] 朱国亮. 网售进口知名减肥药实为国内农家院生产，月平均销售10万元——公安部督办特大假减肥药案调查[EB/OL]. (2017-07-17)[2018-05-

10]. http://news.xinhuanet.com/politics/2017-07/17/c_1121333705.htm.

[198] 刘宇,郭秀娟. 保健品巨头紧盯中国买家[N]. 北京商报,2017-02-21(C3).

[199] 赵平,张荣旺. 自然之宝抢食中国市场涉嫌违规[N]. 中国经营报, 2014-04-07(C16).

[200] ZAKARYAN A,MARTIN I G. Regulation of herbal dietary supplements:is there a better way? [J]. Therapeutic innovation & regulatory science, 2012,46(46):532-544.

[201] 上海市工商局广告监督管理处. 移动互联网广告及其监管研究综述[J]. 中国广告,2015(2):133-139.

[202] 周岸华. 论互联网法[R]. 中国法学会行政法学研究会互联网规制与治理的法律问题研讨会论文集. 杭州:中国法学会行政法学研究会,2017:11.

[203] 李弘,谢雷,冷恩光. 我国跨境电子商务发展现状与监管对策研究[J]. 中国工商管理研究,2015(10):38-42.

[204] HANNING I B,BRYAN C A,et al. Food safety and food security[J]. Nature education knowledge,2012,3(10):9.

[205] World Health Organization. Advancing food safety initiatives:strategic plan for food safety including foodborne zoonoses 2013—2022[R]. Geneva: WHO,2010:1-10.

[206] 邱琼,欧阳俊. 关于加强食品安全政府监管的若干思考[EB/OL]. (2016-12-09)[2018-01-12]. http://politics.rmlt.com.cn/2016/1209/451165_2.shtml.

[207] 纳特,巴可夫. 公共部门战略管理[M]. 陈振明,等,译. 北京:中国人民大学出版社,2016:40.

[208] 虞崇胜,唐皇凤. 第五个现代化——国家治理体系和治理能力现代化[M]. 武汉:湖北人民出版社,2015:2.

[209] TIAN Y,JIANG CM,et al. Body mass index,leisure-time physical activity and physical fitness in Chinese adults:a series of national surveys from 2000 to 2014[J]. The lancet diabetes & endocrinology,2016,4(6):487-497.

[210] LANG T,HEASMAN M. Food wars:the global battle for mouths,minds and markets[M]. London:Earthscan Publications Ltd,2004:3.

[211] YASUDA J K. Why food safety fails in China:the politics of scale[J]. The China quarterly,2015,223(9):745-769.

[212] 观点.民以食为天 食以安为先[N].光明日报,2012-07-16(2).

[213] 刘亚平,李欣颐.基于风险的多层治理体系——以欧盟食品安全监管为例[J].中山大学学报(社会科学版),2015(4):159-168.

[214] 李静.食品安全的协同治理：欧盟经验与中国路径[J].求索,2016(11):104-108.

[215] 李里特.日本的健康营养教育与管理[R].达能营养中心第六届学术研讨会会议论文集.北京：达能营养中心,2003:22-26.

[216] 龚强,张一林,余建宇.激励、信息与食品安全规制[J].经济研究,2013(3):135-147.

[217] 李良煮,蔡永民.中国食品安全问题忽略了什么——美国法的借鉴：制衡机制和雇员作用[J].探索与争鸣,2016(2):78-82.

[218] 范水兰.企业信用监管法律制度研究[M].北京：法律出版社,2019:197.

[219] 林钧跃.美国信用管理的相关法律体系[J].世界经济,2000(4):62-67.

[220] 邓郁松.建立社会信用体系的国际经验与启示[J].经济研究参考,2002(17):35-43.

[221] 郝智慧,王海兰.信则立,不信则废——美国的信用管理体系建设及对我国的启示[J].经营与管理,2006(10):36-37.

[222] 周晓曼,王国华.借鉴美国经验探讨我国信用管理体系建设[J].东方企业文化,2014(3):323.

[223] 朱毅峰,吴晶妹.美国信用管理体系简介[J].中国金融,2003(5):55-56.

[224] 邵宇,毕丽莎.建立社会信用体系的国际经验与启示[J].金融理论探索,2002(4):12-14.

[225] 王伟,等.企业信息公示与信用监管机制比较研究——域外经验与中国实践[M].北京：法律出版社,2020:25-159.

[226] 孙志伟.国际信用体系比较[M].北京：中国金融出版社,2014:150.

[227] 任森春,等.欧美国家失信惩戒制度及启示[J].安徽商贸职业技

术学院学报，2007（3）：51-54.

[228] 许久生，庄敬华. 德国刑法典［M］. 北京：中国方正出版社，2004：128.

[229] 文史哲，饶博. 德国：诚信建设以完善体系为依托［EB/OL］.（2014-08-29）［2020-03-12］. http：//www.xinhuanet.com/world/2014-08/29/c_1112289704.htm.

[230] 赵荣，赵静. 德国社会诚信体系构建的宏观要素分析［J］. 德国研究，2017（1）：86-101.

[231] 沈忠浩. 综述：第三方征信机构有力支撑德国信用体系［EB/OL］.（2019-07-17）［2020-03-12］. http：//www.xinhuanet.com/world/2019-07/17/c_1124764909.htm.

[232] 冯春晓. 关于德国社会信用体系建设模式的若干思考［J］. 北方经济，2014（8）：77-79.

[233] 李强，等. 德国食品企业风险分级分类监管制度［J］. 食品与发酵工业，2014（7）：121-125.

[234] 陈莹莹. 中国商事登记制度改革现状及发展趋势探析［D］. 长春：吉林大学，2017：29.

[235] ASIC公布失信黑名单，澳洲名人珠宝商成为《原钻》翻版［EB/OL］.（2020-05-11）［2020-10-18］. https：//cj.sina.com.cn/articles/view/5909013773/16034650d01900ph3y.

[236] 宋岗新，等. 澳新两国个人信用服务体系考察报告［J］. 天津经济，2004（10）：56-59.

[237] 金春. 澳大利亚破产法立法改革近况［EB/OL］.（2016-08-19）［2020-10-18］. http：//www.yunqingsuan.com/news/detail/11176.

[238] 刘六宴. 考察澳大利亚、新西兰两国信用体系建设的体会与启示［J］. 水利建设与管理，2007（1）：89-90.

[239] 宫川公男. 企业信息社会公示的理想方式［J］. 日本统计学会杂志，1992，21（3）：14-18.

[240] 为什么日本是亚洲征信最发达的国家？［EB/OL］.（2019-04-25）［2020-10-03］. https：//ishare.ifeng.com/c/s/v002wSrB4oyyxlckggT-_DajI6k2MBPGNhaMw4ZOPp5jXtyo__.

[241] 田明，等. 国外保健食品类似产品原料管理的研究与启示［J］. 中

国食品学报，2020，20（10）：316-320.

[242] 王新喜，邓勇. 日本保健功能食品市场综合治理考察与经验借鉴 [J]. 食品科学，2020，41（5）：331-337.

[243] 马于巽，段昊，刘宏宇. 日本健康相关食品的分类与管理 [J]. 食品工业科技，2019，40（7）：269-272.

[244] 隋姝妍，小野雅之. 日本食品安全与消费者信赖保障体系的建设及对中国的启示 [J]. 世界农业，2012（9）：48-53.

[245] 周素娟，徐琨，王献仁. 日本特定保健用食品与我国保健食品管理的异同 [J]. 中国卫生监督杂志，2007（2）：103-105.

[246] 郝洁. 世界一流城市社会治理的经验及借鉴 [J]. 中国经贸导刊，2017（34）：58-60.

[247] "高薪养贤，厚禄养廉"的新加坡政府，是如何建设狮城征信业的？[EB/OL].（2019-05-19）[2021-09-12]. https：//www.sohu.com/a/312898013_100169150.

[248] 王锐. 跨境电子商务内涵探析及国外发展经验对我国的启示 [J]. 现代商业，2015（17）：46-48.

[249] 陈结梅，刘伟德，李振，等. 新加坡辅助健康产品分类和监管体系分析 [J]. 中国食物与营养，2019（8）：43-45.

[250] 何丽钦. 新加坡健康补充剂市场准入解读 [C]. 标准化助力供给侧结构性改革与创新——第十三届中国标准化论坛论文集. 长沙：中国标准化协会，2016：1214-1220.

[251] 陈蕾，刘萌，张鹭，等. 新加坡健康产品上市后监管政策对中国的启示 [J]. 中国新药杂志，2010（13）：1108-1111.

[252] 田一芳. 新加坡健康科学局监管经验介绍 [J]. 上海食品药品监管情报研究，2012（6）：1-2.

后 记

本书的主体主要是我近年来在市场监管领域（特别是食品药品市场监管领域）的一些代表性研究成果，它们有的已经在相关期刊发表。这些研究成果，相互之间并非孤立的，而是围绕市场监管现代化的不同主题开展，具有一定的内在逻辑关系。当然，市场监管现代化是一个宏大的主题，包含众多的方面，本书只是对其中的食品药品安全市场监管领域中较为感兴趣的方面进行了探讨，而且在其中的某些细分领域有些研究深度深一些，有些浅一些。

此书能够顺利出版，要感谢方方面面的支持和帮助。感谢我所在的首都经济贸易大学城市经济与公共管理学院，学院对我的研究一直予以鼓励和支持，并推荐学校出版资助项目资助了本书的出版。感谢在研究中给予我很多指导和建议的老师与亲朋好友，本书有的内容业已发表，其中包含了他们非常多的帮助、指导，他们有我的博士后合作导师张成岗教授、江德元司长，有我的博士同门边晓慧和聂国良。感谢知识产权出版社的编辑，编辑出版工作程序繁杂，标准严格，没有他们的热心支持和专业指导，此书不可能这么快问世。最后感谢我的家人，他们一直是我从事研究的不绝动力。

闫志刚

2022 年 10 月 11 日于大兴